Eifel für Fortgeschrittene

EIFEL MACHT GÄNSEHAUT Kann die Liebeserklärung an eine Landschaft die Wahrheit sein? Sie kann, wenn es um die Eifel geht, den wilden Westen Deutschlands.

Wie in jeder Liebe und bei jeder Wahrheit geht es um Merkwürdiges: Warum versteht niemand die Eifeler, wenn sie frei von der Leber weg reden? Warum mögen sie Mord und Totschlag? Und warum werden sie nicht nervös, obwohl die Vulkane unter ihren Füßen gar nicht erloschen sind?

Liebe und Wahrheit räumen mit Vorurteilen auf. Eifeler Landeier sind alles andere als Kulturbanausen, die sich nur zwischen Milchkannen herumtreiben oder durch endlose Wälder pirschen. Sie haben klammheimlich ein Paradies für Feinschmecker und Kunstsinnige gezaubert. Sie erfinden Hightech und sind auf dem internationalen Parkett zu Hause. Sie geben nicht nur am Nürburgring Gas. Außerdem wird es bei ihnen nie langweilig, die lustigsten Geschichten finden in der Eifel statt. Nur eines geht nicht: Über diese wilde Landschaft voller Gegensätze die ganze Wahrheit zu sagen.

© Fotostudio Nieder Daun

Angelika Koch studierte Soziologie in Münster, parallel arbeitete sie in einer Lexikon-Redaktion in Gütersloh. Die Eifel entdeckte sie zufällig – und verliebte sich in Land und Leute. Seit mehr als dreißig Jahren ist der »wilde Westen« ihre Wahlheimat. Sie lebte in einem ökologischen Projekt mit angeschlossenem Tagungshaus und schrieb gemeinsam mit Eifelkrimi-Guru Jacques Berndorf erste Texte für Tourismusagenturen, auch entstanden eigene Krimis. Seit der Jahrtausendwende ist nicht die Fiktion, sondern die Realität der Eifel im Mittelpunkt ihres Schreibens: Sie arbeitet für verschiedene Tageszeitungen und Zeitschriften und sie verfasst Reiseführer. Mittlerweile ist sie in einem Dorf mit rund hundert Einwohnern in der Vulkaneifel zu Hause.

Eifel für Fortgeschrittene

»DIE WAHRHEIT ÜBER DEUTSCHLANDS WILDEN WESTEN«

ANGELIKA KOCH

Immer informiert

Spannung pur – mit unserem Newsletter informieren wir Sie
regelmäßig über Wissenswertes aus unserer Bücherwelt.

Gefällt mir!

Facebook: @Gmeiner.Verlag
Instagram: @gmeinerverlag
Twitter: @GmeinerVerlag

Besuchen Sie uns im Internet:
www.gmeiner-verlag.de

© 2020 – Gmeiner-Verlag GmbH
Im Ehnried 5, 88605 Meßkirch
Telefon 07575 / 2095 - 0
info@gmeiner-verlag.de
Alle Rechte vorbehalten
1. Auflage 2020

Lektorat: Anja Sandmann
Herstellung: Julia Franze
Umschlaggestaltung: Susanne Lutz
unter Verwendung eines Fotos von: © Christian Müller –
stock.adobe.com
Sofern nicht gelistet, stammen alle Bilder im Inhalt von © Ange-
lika Koch; © Klaus Scholz: S. 77; © Susanne Schug S. 181
Druck: GGP Media GmbH, Pößneck
Printed in Germany
ISBN 978-3-8392-2605-6

Inhalt

Das fängt ja gut an ...

Eifel ... das ist wohl für die meisten Menschen eine ominöse Mittelgebirgslandschaft irgendwo im westlichen Nirgendwo Deutschlands. Manchmal taucht sie als Schauplatz bizarrer Verhaltensweisen von Dörflern mit noch bizarreren Haarschnitten und fragwürdigem Kleidungsstil im Fernsehen auf, etwa bei »Mord mit Aussicht«. Es ist in den Augen von Drehbuchschreibern offenkundig der perfekte Verbannungsort für querulatorische TV-Ermittler, die den Rest der Serie mit dem vergeblichen Versuch verbringen, die Eifel wieder zu verlassen. Und die Streber unter uns erinnern sich vielleicht, dass da was war, im Erdkunde-Unterricht, mit Vulkanen und so. Aber wer braucht schon Vulkane, die keinen Pieps mehr von sich geben? Gähn.

So ähnlich erging es auch mir, als ich nichts ahnend erstmals im Leben die Eifel ansteuerte. Ein Interview für meine gesellschaftswissenschaftliche Studienabschlussarbeit sollte es sein, mit einem Prominenten, der damals mit einer extraordinären Mischung aus Esoterik, Umweltschutz und Gesellschaftskritik von sich reden machte: Rudolf Bahro, Ex-Dissident der DDR, praktizierender Bhagwan-Anhänger und Mitbegründer der Grünen, die er jedoch als »Super-Fundi« soeben beinahe zerlegt hatte. Ich sollte und wollte ihm die simple Frage stellen: Was, wenn überhaupt etwas, haben Sie sich dabei gedacht? Um daraus soziologische Schlüsse über die Chancen einer Umweltbewegung zu ziehen, die damals bei den meisten Menschen noch als vollkommen spinnert galt.

Bahro seinerseits weilte gerade als Referent in einem Eifeldorf namens Niederstadtfeld. Ich ahnte nur vage, was und wo die Eifel überhaupt ist.

Schon die Entfernung: So etwas Unbekanntes muss weit weg sein, glaubte ich in den Zeiten vor Navi, Google-Maps und GPS. Also konsultierte ich den uralten ADAC-Straßenatlas meines Papas, in dem jene bis heute umstrittene, die Eifel von Norden erschließende Autobahn 1 nur als gestrichelte Linie verzeichnet war: nichts mit Durchbrettern bis zur Zielausfahrt. Den gelben Autoaufkleber einer damals berühmten Zigarettenmarke hatte ich sogar in meiner Heimat Ostwestfalen-Lippe gesehen: »Wer durch die Eifel will, muss verdammt gut fahren können.« Ich habe die preußische Tugend der Pünktlichkeit verinnerlicht und dachte, fährst du am besten früh genug los. Tat ich. Hinter Köln wurde die A1 leer und leerer. Es ging bergauf, immer bergauf, der Spritverbrauch erreichte ungeahnte Dimensionen und ich dachte, nimmst du die nächste Tankstelle. Kann ja nicht weit sein.

Als ich schlussendlich gen Daun die Serpentinen einer Bundesstraße – die Autobahn hatte längst abrupt und ohne Erklärung mitten im Gestrüpp aufgehört – runterfuhr, war das in mehrfacher Hinsicht ein Adrenalinkick. Erstens waren die Serpentinen mit Rollsplitt bedeckt, was Einheimische nicht davon abhielt, die Kurven mit einem Affenzahn zu absolvieren und mich wahlweise zu überholen oder hupend an meinem Kofferraum zu kleben. Zweitens suggerierten große Hinweisschilder mit »Behördenzentrum« oder »Stadtmitte«, dass es sich bei Daun um eine mir bis dato vollkommen unbekannte Großstadt handeln müsse, was mich beschämte. Drittens war mein Tank so gut wie leer und ich rollte mit den letzten Tropfen zur einzigen Tankstelle weit und breit – was ich mittlerweile ahnte, aber zu meinem nervlichen Glück nicht mit Sicherheit wusste.

Dennoch war ich drei Stunden zu früh beim Interviewtermin. Was tun? Mit vollem Tank glaubte ich an das gefahrlose Weiterfahren, an Daun vorbei, dessen mutmaßlich metropolenhafte Ausmaße mir auch weiterhin verborgen blieben. An Dörfern mit Namen Oberstadtfeld und Niederstadtfeld vorbei, immer weiter. Die Straße wurde eng und enger. Sie schlängelte sich durch ein urwaldähnliches Dickicht einen munteren Gebirgsbach entlang, ein eher ungewohntes Erlebnis, denn hier war nicht das Gewässer begradigt, um dem Asphaltband zu folgen, sondern die schlaglochreiche Piste schmiegte sich an den Verlauf des Flüsschens, welches, wie ich später erfuhr, Kleine Kyll heißt. Ich gelangte in einen Weiler namens Schutz, bog aufs Blaue hinein ab und hangelte mich die auch hier unvermeidlichen Serpentinen hoch, fuhr durch Deudesfeld. Alle diese Dörfer waren klein und niedlich, still und friedlich ... und auf ihre Art exotisch, denn so klein und so niedlich kannte ich menschliche Siedlungen nicht aus dem Westfälischen. Dort gibt es entweder Einzelgehöfte, Städte mit ausufernden Vororten und Industriegebieten oder das endlose Gewimmel des Ruhrpotts. Selbst die Dörfer zählen mehrere Tausend Einwohner.

Nicht so in der Eifel, wie ich bemerkte. Spontan bog ich wiederum ab, das Asphaltband wirkte provisorisch und entwickelte mit beachtlichem Gefälle einen trichterartigen Abwärtssog, während mich von sattgrünen Wiesen aus stoisch wiederkäuende rotweiß gefleckte Kühe anglotzten – und ich kam vor einem kreisrunden seerosenüberwucherten Gewässer zum Stehen, das in der sommerlichen Abendsonne glitzerte. Enten und Kormorane ließen sich treiben. Am Ufer auf einer uralten moosbewachsenen Bank saßen zwei alte Damen und unterhielten sich in einem Singsang-Dialekt, den ich trotz allgemeiner Sprachwissenschaft als Nebenfach meines Studiums noch nie gehört hatte.

Die Szene war wie eine Mischung aus Arkadien und Mittelerde, vollkommen dem Alltag entrückt. Und ich dachte: Hier will ich bleiben. Für immer.

Später lernte ich, es war das Meerfelder Maar, das mich so verzaubert hatte, und Eifeler Platt, das so geheimnisvoll klang. Und noch später lernte ich, dass auch am Meerfelder Maar Wandergruppen in neonfarbenen Trekkingoutfits, behelmte Motorradcliquen oder ganze Busladungen mit passionierten Selfie-Fans anzutreffen sind. Früher war die Eifel total »out«, ein Ort der Scham für Eingeborene, die in Köln oder im Ruhrgebiet arbeiten mussten. Heute

ist sie total »in«. Aus Köln, Duisburg, Mönchenglad-
bach oder Oberhausen pilgert man zwecks Naherho-
lung in die Eifel; wer heute an einem Freitagnach-
mittag die Autobahn 1 befährt, ist zumeist Teil einer
endlosen Blechkarawane. Am immer noch abrupten
Autobahnende teilt sie sich in zwei Trecks, die Stoßstange an Stoßstange weiterrollen. Die einen zieht
es in den Nationalpark Eifel auf der Suche nach
dem Urwald der Zukunft, die anderen können vom
Gewummer der Motoren nicht genug bekommen
und fahren durch bis zum Nürburgring, dem Adrenalinkick entgegen.

Zum Glück ist die Eifel riesig, insgesamt
5.300 Quadratkilometer und damit mehr als doppelt
so groß wie das Saarland. Wer für ein Wochenende
oder ein paar Kurzurlaube kommt, kann unmöglich
alle Facetten kennenlernen oder Geheimnisse lüften.
Gut Ding will Weile haben, Eifel erst recht. Es gibt
etliche Niederländer, Belgier, Westfalen oder Ange-
hörige anderer Volksstämme, die hier Wochenendhäuser haben und wissen: Der Abschied ist immer
nur vorübergehend, die halbe Heimat heißt schon
Eifel. Und mein eigener Wunsch ist in Erfüllung
gegangen, ich hatte seit meiner ersten Kurverei die
Kleine Kyll entlang schon ganz viel Weile in der Eifel,
mehr als 30 Jahre.

An der Eifel scheiden sich die Geister. Entweder
die Menschen lieben sie und kommen nicht mehr

von ihr los. Oder aber sie fürchten sie und nennen sie »Rheinisch-Sibirien«, als Ausdruck für Verbannung und Einsamkeit. Wobei der Klimawandel auch vor der als rau geltenden Eifel nicht Halt macht und die legendären Unwetter bei »Rock am Ring« seltener geworden sind. Es ist wohl eher das rheinische Sizilien, mittlerweile. Aber etwas ist die Eifel nie: langweilig, lau, lahm. Sie lockt Querdenker an und Pioniere. Hier ist noch Freiraum, um auszuprobieren, was anderswo nicht geht. Und »die« Wahrheit über die Eifel gibt es nicht, so viel sei schon verraten. Es gibt viele Wahrheiten, ganz ohne Fake News und jede auf ihre Weise echt.

Et jet net jefriemelt ...

... et jet neje Drôht jehollt! Was auf Hochdeutsch so viel ist wie ein Appell an alle Heimwerker und andere Menschen, nicht sinnlos rumzubasteln, sondern neuen Draht zu nehmen. Es ist zugleich die Lebensphilosophie der Eifeler und somit ein unlösbares Paradoxon: Was, wenn nicht Friemelei, ist der Einsatz eines Stückchens Draht, anstatt das Ding von Grund auf neu zu bauen? Diese Haltung – man mag sie sparsamen Überlebenspragmatismus nennen – führt nicht selten dazu, dass die Eifeler von Nicht-Eifelern und manchmal sogar von Landsleuten für allzu harmlos und unbedarft gehalten werden. Allerdings ahnte bereits der römische Reiseschriftsteller Tacitus, dass hinter der bescheidenen Landei-Fassade mehr steckt. Er notierte, die Leute entlang der uralten Heer- und Versorgungsrouten zwischen den Metropolen Augusta Treverorum (Trier) und Colonia Claudia Ara Agrippinensium (Köln) seien ein »kleinwüchsiges, hinterlistiges Bergvolk«. Man sollte sie also tunlichst nicht unterschätzen.

Doch das bedeutet nicht, dass man irgendwo besondere Angst vor fiesen Langfingern haben müsste. Bis vor wenigen Jahren war es auf den Dörfern üblich, die Haustüren unverschlossen zu lassen. Dieser netten Sitte endgültig den Garaus machen höchstens »smart homes«, bei denen alles automatisch verrammelt wird. Zum Glück für Traditionalisten jedoch sind 5G-Netzstandards überall in der Eifel in weiter Ferne. Man ist mancherorts noch immer froh, überhaupt mal Handy-Empfang zu haben und dass der Computer innerhalb eines einzigen Tages eine ganze Mail verschicken kann. Das wird sich ändern, man arbeitet dran. Und bis dahin nimmt es sogar die Jugend mit Humor. Auf Youtube kann man »Eifelkinder« eingeben und einen lebhaften Eindruck bekommen, wie sich Landleben 1.0 für Leute U30 anfühlt. Der Anblick von reglos verharrenden Ladebalken oder gemächlich im Kreis rotierenden Strichen ist Eifeler Internetnutzern seit jeher vertraut. Das entschleunigt ungemein und führt auf Dauer zu einer Art meditativem Einverständnis mit Gott und der Welt. Noch heute ist die Kriminalitätsrate vergleichsweise niedrig, wie die jährliche Polizeistatistik ausweist. Lediglich Trier mit mehr als 100.000 Einwohnern fällt da etwas aus dem Rahmen, aber die Trierer sehen sowieso auf die »Eefelbure« herab, und die als Bauerntrampel gescholtenen Eifeler halten die Trierer für hochnäsige Hunsrücker. Was zumindest geografisch stimmt, denn Trier mit seiner antiken Altstadt südlich der Mosel wird nur irrtümlich als Hauptstadt der Eifel tituliert. Die Eifel hat keine Hauptstadt, sie ist ein dezentrales, zur Anarchie der Gebietskörperschaften neigendes Gebilde.

Es macht sich jedoch bemerkbar, dass die unmittelbare soziale Kontrolle nach wie vor stark ist. Dörfer gibt es – meines zum Beispiel, ein 112-Seelen-Ort nicht weit vom Nürburgring –, in denen die Nachbarn besser über den eigenen Besuch an der Haustür Bescheid wissen als man selbst. Wer da einbrechen wollte, könnte sich gleich mit erhobenen Händen ergeben, denn oft genug ist der Nachbar auch Jäger und Feuerwehrmann in Personalunion. Und zunehmend Jägerin oder Feuerwehrfrau. Irgendwas geht da immer, ganz gleich ob Flinte oder machtvoller Wasserstrahl gegen den Delinquenten. Wer das als Hinterlist empfindet, hat was zu verbergen … und wenn es ein schlechtes Gewissen ist.

Auch das mit der Kleinwüchsigkeit stimmt nicht. Man darf Tacitus getrost der »Fake News« bezichtigen. Wenn die Eifeler zur Kleinwüchsigkeit neigen würden, hätten allenfalls die mediterranen Siedler selbst dazu beigetragen. Sie trafen auf eine keltische, hinter steinernen Ringwällen verbarrikadierte Bevölkerung, die im Schnitt einen halben bis ganzen Kopf größer war als die Toskanafraktion mit Migrationshintergrund. Eine im Regelfall 155 Zentimeter lange keltische Frau überragte meist sogar einen strammen römischen Kämpfer, der aus den Niederungen sei-

ner 150 Norm-Zentimeter zu ihr aufblicken musste. Doch sein Charme muss einerseits unwiderstehlich gewesen sein und war andererseits untermauert mit handfesten Argumenten wie Lifestyle und Mammon. Es führte zu einer fröhlichen Vermischung, Latin Lover trifft Blondine, und am Ende teilte man in den meisten Eifeler Landstrichen die Gottheiten ebenso wie Betten, Bäder und Villen. Einige dieser prachtvollen Liebesnester kann man noch heute bewundern, entweder gut rekonstruiert oder als hübsche Ruine. Klar, dass sich die eingeborenen Jungs rund um Trier auch mal querstellten. Bei Riol an der Mosel versuchten die Treverer im Jahre 70 den Aufstand gegen die Römer, welcher jedoch misslang. Heute tun die Eifeler so, als ob römisch-antike Lebensart die ureigene

Erfindung gewesen wäre. Folkloregruppen wie die Milites Bedensis aus Bitburg zeigen bei Events, was so ein gallorömischer Kerl draufhat, von kunstvoll kämpfen bis lecker essen.

Das Ergebnis der Beziehungskiste zwischen feurigen Südländern und taffen Kelten prägt die Eifel.

Allein schon optisch: Viele seit Jahrhunderten ureinwohnende Eifelerinnen und Eifeler können mit sonnenbrandresistentem Teint, rehbraunen Augen und dunkler Lockenpracht punkten. Dass ein Teil ihrer Vorvorvorfahren vom Mittelmeer stammt, ist kaum zu übersehen. Außerdem ist die regionaltypische Baukultur von der schlichten und kompakten Eleganz römischer Architektur geprägt, das ursprünglich übliche Bauernhaus – Trierer Einhaus genannt – würde auch im Apennin nicht als Fremdkörper auffallen. Vor allem jedoch ist die Weinkultur ein bleibendes Mitbringsel. Nicht nur die Südhänge der Eifel, die sich steil zur Mosel hinunterneigen, sind voller Reben, auch das Ahrtal glänzt als erstklassiges Rotweinanbaugebiet.

Eifel ist seit jeher Multikulti. Die Existenz als Durchgangsland tief im Westen des heutigen Deutschlands hat Spuren hinterlassen und gelehrt, dass Weltoffenheit eine sehr clevere Haltung ist. Galloromisches und Germanisches – jeweils für sich schon eine bunte Mischung – traf hier aufeinander. Immer schon war der Nachbar potenziell jemand, der anders sprach, anders dachte, anders handelte. Und dennoch war man in der dünn besiedelten Gegend immer aufeinander angewiesen. Diese besonderen Umstände führten dazu, dass eine sehr wohltuende Auffassung von Toleranz Wurzeln schlagen konnte, die nicht mit Gleichgültigkeit einher geht. Wer in die Eifel kommt, kann zumeist in Ruhe sein Ding machen. Man weiß, was der andere tut, aber man mischt sich nicht ein. Und wenn Hilfe oder Kontakt gewollt sind, ist man da.

Armut zwang die Eifeler lange Zeiten hindurch, ihr Glück auch andernorts zu suchen. Manche mussten nur bis nach Köln oder ins Ruhrgebiet, viele andere schipperten über den großen Teich. Ganze Dörfer verschwanden in der frühen Neuzeit und noch bis ins 19. Jahrhundert hinein. Wohl jeder hatte Verwandte, die aus wirtschaftlichen Gründen auswanderten. Über den Tellerrand der eigenen Region zu schauen, war für viele Familien und über etliche Generationen so alltäglich wie überlebensnotwendig. Das Beharren auf Eigenem und die Bereitschaft, auch Anderes kennenzulernen, wurden zu Eigenschaften, die sich nicht widersprachen, sondern zwei sich ergänzende Seelen in einer Brust.

Dabei war die Eifel nicht immer ein armer oder rückständiger Landstrich. Im tiefsten Mittelalter schlug hier das Herz eines großen Reiches, aus dem viel später Frankreich, Deutschland und die Benelux-Staaten hervorgingen. Die Urgroßmutter Karls des Großen, Bertrada, lebte auf einer Burg in Mürlenbach im Kylltal, und die Region dürfte dem Kaiser vertraute Heimat gewesen sein, die er auf dem Rücken seines Pferdes durchstreifte. Bereits seit der Römerzeit sind die auf antike Siedlungen zurück-

gehenden Eifelstädte zumeist einen Tagesritt voneinander entfernt, so etwa Bitburg und Prüm. Heute
schmückt sich das für seine barocke St.-Salvator-
Basilika berühmte Prüm mit dem Attribut Karolingerstadt. Denn die Fürstabtei wurde von Bertrada
gegründet und war Hauskloster des kaiserlichen
Adelsgeschlechtes, mit Besitztümern bis in die Bre-
tagne hinein.

Stolz sind die Eifeler durchaus auf ihre Historie
und auf ihre Heimat. Stolz sind sie bis heute auf
Prachtbauten wie die Burg Eltz, die nie eingenom-
men wurde. Doch ein plumper Hurra-Patriotismus
blieb ihnen fremd. Denn immer wieder machten sie
die Erfahrung, für die Mächtigen in den Metropolen

nichts weiter als ein Aufmarschgebiet für ihre Kriege zu sein. Zwischen den Machtzentren in Aachen, Trier und Luxemburg behaupteten sich kleine Herrschaften wie die Manderscheider, Blankenheimer oder Aremberger. In zwei Weltkriegen musste die Eifel als Bollwerk gegen vermeintliche »Erbfeinde« her-

halten, obwohl diese vermeintlichen Feinde denselben Dialekt sprachen wie die Eifeler und nicht selten sogar zur nächsten Verwandtschaft gehörten. Auf Cousins und Cousinen schießt man nicht.

Überhaupt: Wenn die Eifeler fremdelten, dann am ehesten mit den Preußen, von denen sie auch beherrscht wurden. Die gaben sich zwar alle Mühe und forsteten die von Schaf- und Ziegenherden kahlgefressenen Hänge mit Fichten auf. Zum Dank nannte man die Zapfen »Preußendreck«. Und auch der Bau einer prachtvollen, innen vergoldeten Erlöserkirche in Gerolstein oder einer kleinen, ebenfalls innen vor Gold strotzenden Erlöserkapelle in Mirbach wärmte nicht unbedingt des Eifelers Herz für die protestantischen Herren.

Mehr Sympathie zollte man bisweilen den Eroberern aus dem Westen oder Süden. Das zeigt sich am Beispiel von Bettingen im Eifelkreis Bitburg-Prüm: Das Dorf war einst Hauptort eines Herrschaftssitzes des Großherzogtums Luxemburg und gehörte somit phasenweise auch zu den österreichischen Niederlanden. So ein geografisch verwirrendes Staatenkonstrukt gab es wirklich. Damit nicht genug, französische Revolutionstruppen annektierten das Dorf von 1795 bis 1814, es wurde Teil des Kantons Bitburg und des Département Forêts, es bekam sogar eine waschechte Mairie. Das Verhältnis von französischen Verwaltern und Soldaten zu Eifeler Mädchen gestaltete sich offenbar derart herzlich, dass daraus etliche Kinder entstanden, die von Geburt an zweisprachig waren. Der frankophile Einschlag ist noch heute hörbar: Bei den Vokalen herrscht eine regelrechte Ü-Flut. Zu Karneval grüßt man mit »jüpphü!«, man raucht »Tübak« und trinkt »Sprüdel«.

Die Wallenborner in der Vulkaneifel lieben – warum auch immer – ein breites A, wie bei einer ärztlichen Untersuchung. Kinder heißen hier »Kanner«. Wallenborn wird von den Bewohnern umliegender Dörfer deswegen bestaunt und man glaubt, die sprachliche Marotte habe mit der einsamen Lage im einstigen Bannwald zwischen Daun, Gerolstein und Bitburg zu tun. Ursachen mag es so viele geben wie unterschiedliche Spielarten des Dialekts. Einheimische wissen jedenfalls sofort, wer woher stammt, wenn sie auf Platt miteinander reden. Zugezogene jedoch haben keine Chance, selbst Jahrzehnte in der Wahlheimat reichen nicht aus, um die Besonderheiten richtig zuzuordnen. Sie bleiben froh, überhaupt etwas zu verstehen.

Mitten durch die Eifel, am Vinxtbach, verläuft sogar eine waschechte Sprachengrenze, nämlich die so genannte zweite deutsche Lautverschiebung: Im Süden wurde vornehmlich Moselfränkisch parliert, im Norden Ripuarisch. Im Norden sind die Konsonanten etwas härter; im Süden nuschelt man noch etwas mehr. Gewöhnungsbedürftig ist eine sprachliche Eigenart, die das Moselfränkische insgesamt ziert. »Ich habe drei Kilo abgeholt«, das ist kein Geständnis, eine dicke Portion von was auch immer irgendwo gemopst zu haben. Es ist auch kein Verweis auf einen geheimnisvollen Lieferservice, bei dem man arbeitet. Wahrscheinlicher ist, dass es sich um eine Selbstauskunft bei einem Weight-Watchers-Treffen handelt. In der Eifel nimmt man nicht und man nimmt auch nicht ab. Nehmen ist unbekannt und Geben ist seliger denn Holen.

Zwei Ausrufe bringen das Seelenleben der Eifeler auf den Punkt: »Majusebetter« und »daje«. Ersteres entfährt einem, wenn das Erstaunen und die Bewunderung nicht größer sein könnten, neudeutsch ist es ein klassisches »wow!«. Die Alternative »boah ey« ist viel zu plebejisch, denn »majusebetter« ist ein tief empfundenes Stoßgebet. Angerufen werden die Heiligen Maria, Josef und Petrus. Maria und Josef verschmelzen zu je einer Silbe, etwas mehr gönnt man dem Peter oder Pitter oder eben Better. Apropos Pitter: Es gibt ihn in noch flotterer Version, »de flöcke Pitter«. Allerdings erfreut der sich so gar keiner Zuneigung. Man erleidet den rasanten Heiligen in inniger Symbiose mit den sanitären Anlagen, wenn irgendeine Essenszutat oder ein Virus die Verdauung über Gebühr beschleunigte. Wer sich dann schlapp fühlt, stöhnt vermutlich so etwas wie »eich han de freck«. Freck, das ist fies und könnte durchaus etwas mit dem hochdeutsch-derben Verb »verrecken« zu tun haben.

Das Gegenteil von derartigem Siechtum ist »daje!«: Aufmunterung pur, Startsignal für Neues und für herzhaftes Anpacken. Wer »daje!« sagt, der legt los und ist durch nichts mehr zu bremsen. Nicht einmal vom heißgeliebten Sôlperschnéssjen. Sôlper ist eine salzige Brühe, Schnéssjen ist das Schnäuzchen. Wie es ein geschmacklich derart fragwürdiger und gar nicht süßer Kussmund schaffen konnte, in der Eifel zum Inbegriff für den liebsten Menschen zu werden, ist wohl ein ewiges Rätsel. Oder gute Tarnung. Angeblich reden die Eifeler nie über die Liebe. Über Geborgenheit und Nestwärme schon eher. »Jehéschnis« heißt das Wort dafür. Längst verschollen ist die hochdeutsche Übersetzung: »Geheuchnis« ist ein uralter Ausdruck für den Ort, an dem man sich wohlfühlt.

Aber wer gehört überhaupt rein ins Eifeler »Jehéschnis«? In früheren Jahrzehnten und Jahrhunderten outete man sich ungern als Bewohner des Landstrichs. Zu sehr suggerierte das eine eher armselige Herkunft, von hochstehenden kulturellen Errungenschaften unbeleckt und scharf an der Grenze des Zivilisatorischen. Beinharte Vorurteile, gewiss, aber das Denken über die Realität bestimmt oft mehr das menschliche Zusammensein als die Realität selbst. Heute ist »Eifel« eine Art Adelstitel, mit dem man sich gern schmückt. Landwirtschaftliche Produkte,

Arbeitgeber und Unternehmen, Hotels und Restaurants, Freizeitanbieter ... alle wollen Eifel sein. Alle merken, dass es sich mit dem Image von unverfälschter Urwüchsigkeit und Natürlichkeit gut werben lässt. Aber dürfen sich beispielsweise die Bewohner der flachen Ackergegend rund um Euskirchen zu Recht Eifeler nennen? Als Sackeifel schmähen die weiter südlich und westlich wohnenden Leute vom »kleinwüchsigen Bergvolk« das ebene Terrain. Sie sind überzeugt, dass die echte Eifel erst dort beginnt, wo die Natur für Survival-Camps taugt. Eifeler sein, das muss man sich hart erarbeiten und versteht es doch nie ganz.

Sie sind gut für Überraschungen, auch in der Politik. Es ging früher die Sage, dass sich auch ein Sack Kokskohle zur Wahl stellen könne und Erfolg habe: Hauptsache schwarz, also konservativ. Dieser Automatismus ist längst Vergangenheit, wenn es ihn denn je wirklich gab. Parteilose besetzten beispielsweise die Landratsposten im Eifelkreis Bitburg-Prüm oder im Vulkaneifelkreis, Vertreter von Wählergemeinschaften oder Genossen oder Grüne sitzen in Kreistagen und Gemeinderäten oder im Bürgermeisteramt. Der ganz rechte Politikrand blieb bislang tatsächlich eine Randerscheinung und schaffte es nicht, wirklich Fuß zu fassen. In etlichen Orten entschieden sich Gastronomen dafür, entsprechenden Gruppierungen, die im Saal wutbürgern wollten, das sattsam bekannte Metzgerei-Motto »Wir müssen draußen bleiben!« vor die Nase zu halten.

Vielleicht ist an dieser gewissen Resilienz das uralte Erziehungsprinzip »Was sollen bloß die Nachbarn denken!« nicht ganz unbeteiligt. Denn die Nachbarn, das sind Luxemburger und Belgier. Tausende Eifeler arbeiten gut bezahlt in Luxemburg und pendeln jeden Tag dorthin, umgekehrt leben Tausende Luxemburger in der Eifel und sorgen auch auf dem Land für stabile Immobilienpreise und Umsatz bei Handel und Handwerk. Auch mit der deutschsprachigen Gemeinschaft in Ostbelgien gibt es ein enges Netzwerk. Davon wird noch die Rede sein. In einer solchen Landschaft führen sich Parolen wie »Ausländer raus!« selbst ad absurdum, und auch der Plan einer Maut, die lediglich Ausländer zahlen sollten, wurde von Anfang an mit wischenden Handbewegungen vor der Stirn quittiert. Man will einfach nur ruhig und gut mit den Nachbarn leben, ob die nun Eifeler sind oder Zugezogene von woher auch immer.

Zu den kultivierten Tugenden gehört es, bei Konflikten nicht mit viel Getöse auf den Kontrahenten loszustürmen. Die Empfehlung lautet zumeist, den Ball flachzuhalten und die Faust in der Tasche zu machen. Erstmal versucht man den Konsens, was Außenstehende vielleicht mit Trägheit oder Wurschtigkeit verwechseln. Das sollte man nicht tun. Denn keineswegs bedeutet die sorgsam verstaute Faust,

dass es in der Eifel lediglich Friede, Freude, Eierkuchen und keine Kritik an unpopulären Entschei-
dungen gäbe, die Otto Normalverbraucher und Lies-
chen Müller betreffen. Der Merksatz für alle an den
Hebeln der kommunalen Macht: Eifelerinnen und
Eifelern sollte man tunlichst nichts wegnehmen!
Denn dann werden aus den stets gemütlichen und
eher zurückhaltenden »Landeiern« würdige Nach-
fahren jener widerspenstigen Gallier, die im letzten römerfreien Dorf Hinkelsteine spazieren tru-
gen, Zaubertränke konsumierten und merkwürdige
Gesänge anstimmten. Das erfuhren Banker, die
Kreissparkassen zusammenlegen wollten, ebenso
wie Innenminister bei der Fusion von Landkreisen
und Gemeinden, Krankenhausträger bei der Schlie-
ßung von Geburtshilfestationen oder ein regionaler
Abfallentsorger beim Experiment, den Leuten die
haushaltsnahe Biotonne zu entführen und sie anzu-
halten, Papiertüten mit den gesammelten Essensres-
ten in öffentliche Großcontainer zu sortieren. Sie alle
erlebten hautnah, wie sich urplötzlich Demos mit
Spruchbändern und Parolen durch sonst friedliche
Städtchen wälzen, wie aus dem Nichts Petitionen
mit Tausenden Unterschriften entstehen oder wie
sich ein Shitstorm im Internet anfühlt. Nicht immer
hatte der Protest Erfolg – und nicht immer war er
stilvoll. Aber die Eifeler haben sich in Chefetagen
und Verwaltungen den respektablen Ruf des Unbe-

quemen erworben. Man muss bei ihnen nicht nur »verdammt gut fahren« können, man braucht auch verdammt gute Argumente, um sie zu überzeugen.

Und es hat ...rrrrummms gemacht

Beim Ballonfahren über der gesamten Eifel fällt es besonders ins Auge: Der Mensch hat an etlichen Orten tiefe Wunden in die Erde geschlagen. Rohstoffabbau nennt sich das, und es gibt eine Gesetzeslage, welche einen derart uncharmanten Umgang mit Mutter Erde legitimiert. Dabei hat die Eifel noch Glück gehabt, am Niederrhein oder in der Lausitz ist die Buddelei deutlich rabiater und führte zum Verschwinden ganzer Dörfer. Im Ruhrgebiet oder im Saarland ist der Untergrund so durchbohrt, dass sich an der Oberfläche urplötzlich Löcher auftun können. Gärten und Gebäude versinken bisweilen darin oder bekommen Risse, Straßenzüge wellen sich wie Orangenhaut.

In der Eifel ist das nicht so. Wer auf dem Boden der tatsächlichen Straßen und Wege bleibt, bemerkt auf den ersten Blick kaum etwas vom Griff nach Lava und Basalt, Kalk und Kies, Schiefer und Sand. Die Gruben liegen in der Regel etwas abseits der Hauptverkehrswege und sind oft von Wäldchen umsäumt, sodass es weiterhin nach heiler Welt aussieht. Und an Vulkane, die vollkommen abgebaut wurden wie etwa der Goldberg bei Ormont in der Schneifel, erinnern allenfalls alte Fotos. Ihr Fehlen fällt den jüngeren Generationen nicht auf. Alte, noch in schwerer Handarbeit gehauene Steinbrüche sind sogar von der Natur zurückerobert worden und verwandelten sich mit der Zeit in Refugien für Uhus und andere seltene Wesen. Die Nutzung der Vulkane brachte den Eifelern auch bizarre Sehenswürdigkeiten wie die Strohner Lavabombe, ein Brocken, der bei Eruptionen herausgeschleudert wurde, in den Krater zurückfiel, wieder hochkatapultiert wurde und bei jedem Mal mehr Material ansammelte. Tausende Jahre später fiel die Wuchtbrumme den Grubenarbeitern vor die Füße. Bei Eis und Schnee zogen sie den Koloss ins Dorf – als natürliches Denkmal für die Freigebigkeit von Mutter Erde.

Dennoch regt sich zunehmend Widerstand. Eine Interessensgemeinschaft »Rettet die Eifelvulkane« wehrt sich gegen Pläne, die Abbaugebiete auszuweiten. Sie führt nicht nur den Schutz von Lebensraum für Tiere und Pflanzen oder den Schutz der Anwohner vor den Zumutungen des Abbaus – Lärm, Staub, durch Dorfstraßen donnernde Sattelzüge, Beeinträchtigungen des Tourismus oder Verlust der typischen Landschaft – ins Feld. Sie fürchtet angesichts des Klimawandels auch um die knapper werdende Ressource Wasser: Lava ist ein idealer Wasserspeicher, mit jeder Tonne abtransportiertem Gut geht ein Stück Lebensspender verloren. Die Interessensgemeinschaft wirft den Abbau-Befürwortern, die gern von Nachhaltigkeit sprechen, auch Irreführung vor, denn eine nachhaltige Nutzung müsse per Definition auf Nachwachsendes setzen.

Gänzlich unrecht haben die Grubenbetreiber mit dem Argument nicht einmal. Lava und Basalt als wichtigste Bodenschätze der Eifel sind hier durchaus nachwachsende Rohstoffe – wenn man genug Geduld aufbringt. Für Mutter Erde höchstselbst ist Warten bis zum nächsten Vulkanausbruch allerdings nicht mehr als für uns ein Wimpernschlag. Der Vulkanismus, der weite Teile der Eifel prägt, gilt nicht als erloschen, sondern nur als »schlafend«. Wer sich an der archetypisch schönen Landschaft erfreut, weil das Auf und Ab ihres Grüns eher Sanftmut als Schroffheit suggeriert, lässt sich vom Heimatplaneten an der Nase herumführen. Der idyllische Frieden ist mehr Schein als Sein, wenn man den Dingen buchstäblich auf den Grund geht. Tief unten lauert die so genannte Eifel-Plume: eine gigantische Magmablase, die in unzähligen fein aufgefächerten Kanälen nach oben strebt.

Die letzten Eruptionen fanden vor nicht einmal 10.000 Jahren statt, das Ulmener Maar gilt mit einer solchen Datierung als das jüngste Eifelmaar. Maare entstehen – grob gesagt –, wenn aufsteigendes Magma auf wasserführende Schichten trifft. Die gewaltige Dampf-Explosion, die auf ein solches Rendezvous unweigerlich folgt, sprengt kreisrunde Löcher in den Untergrund, in denen sich Grundwasser und Regen sammelt und die im Laufe der Jahrtausende allmählich wieder verlanden. Die wassergefüllten Krater spiegeln den Himmel wider, die Schriftstellerin Clara Viebig nannte sie zu Recht »Augen der Eifel«. Man kann in der Eifel Maare in allen denkbaren Aggregatzuständen sehen: von geheimnisvollen Seen, in deren stockdunklen, bodenlos erscheinenden Tiefen angeblich Leichen modern, über sumpfige Vertreter voller wasserliebender Pflanzen bis hin zu längst agrarisch genutzten Flächen, die von schicker Landmaschinen-Hightech bearbeitet werden. Oft wissen nicht einmal Einheimische, dass ihr Dorf in einem Maarkessel liegt, denn geschwungene Höhenzüge finden sich überall in der Eifel. Für Laien ist schwer zu unterscheiden, ob es sich zum Beispiel um den Kraterrand eines Maars handelt, um die erkalteten Reste eines alles Leben niederwalzenden Lavastroms oder um das Grundgestein des Rheinischen Schiefergebirges, das in der Eifel so temperamentvoll perforiert wurde.

Eines der mittlerweile flachsten Maare liegt beim Dorf Immerath, südlich von Daun. Schwimmen ginge hier selbst dann nicht, wenn es erlaubt wäre: Maximal 190 Zentimeter ist es tief, zumeist aber deutlich weniger. Sich ins Wasser zu trauen wäre ein Kampf mit undefinierbaren Schlingpflanzen und Tieren … wer will das schon? Im Unterschied zu den meisten anderen Maaren hat die Immerather Ausgabe einen Bachlauf, der den Kessel mit Asche-Sedimenten der Eruption füllte. Dieser fruchtbare Boden inspirierte Mitte des 18. Jahrhunderts die Bauern, das Ganze mit einem Ablauf trockenzulegen und in Äcker und Wiesen zu verwandeln. Vergebliche Liebesmühe, denn die Wirren des Ersten Weltkrieges führten dazu, dass sich niemand mehr um den Ablauf kümmerte, sodass der kleine Bach sein munteres Füllwerk fortsetzen konnte. Mittlerweile ist auch der Zufluss verlandet, sodass nun nur noch Regenwasser für Nachschub sorgt. Entstanden ist ein Naturschutzgebiet, das Fröschen, Libellen und Vögeln eine Heimat bietet.

Viele Eifelmaare weisen ein ähnliches Schicksal auf und mutieren zu undurchdringlichen, mehr oder weniger nassen Sümpfen: der Mürmes bei Ellscheid, der Mosbrucher Weiher beim gleichnamigen Dorf oder das Strohner Määrchen. Nicht einmal die beiden waschechten Kraterseen im Vulkankegel des Mosenbergs bei Manderscheid entgehen der Verlandung, nur noch einer hat nennenswert viel Wasser im Kessel. Etliche Maare wurden tatsächlich zu Ackerland und blieben es auch. Als Raststätte für Zugvögel und zugleich als Wasserspeicher für Menschen dient der flache Jungferweiher bei Ulmen … nicht das tiefe kreisrunde »Loch« im Ortskern, sondern auswärts an der Autobahn 48 gelegen und im Vorbeirasen kurz sichtbar. Nur hüfthoch steht hier das Wasser, die meist spiegelglatte, in einen weitläufigen Schilfrand eingebettete Oberfläche erinnert in ihrer Sanftheit am ehesten an norddeutsche Planschbecken aus der Eiszeit. Um den Weiher herum führt ein Weg, der für Laufanfänger eine der ganz wenigen Strecken in der Eifel ist, die ohne Gefälle und Steigungen auskommen. Und wer dort seine Runden dreht, bekommt von der Autobahn samt Industriegebiet, die einst Naturhasser in die Nähe klotzten, ebenso wenig mit wie offenbar die gefiederte und geschuppte Fauna, die sich am Ufer und im Wasser versteckt.

Am Schalkenmehrener Maar kann man nach dem Motto »Zwei in eins« gleich beide Typen bewundern, wie sie ineinander übergehen: ein Moor und einen See. Frei gehalten werden die Ufer von fleißig mümmelnden Schafen. Im See darf hier sogar gebadet werden, auch Ruderboote warten im Sommer auf Wasserbegeisterte. Und es geht noch wassersportli-

cher: am Laacher See, der immerhin genug Fläche für bescheidene Segeltörns bietet. Er ist Folge eines verheerenden Vulkanausbruchs vor rund 13.000 Jahren, dessen Aschewolke bis zu 40 Kilometer hoch stieg und Spuren bis nach Schweden und Italien hinterließ. Im Umkreis etlicher Kilometer um den Vulkan tötete der pyroklastische Strom alles Leben, Tuff und Bims prägen bis heute die Gegend. Die 50 Meter hohe Wingertsbergwand zeigt, mit welcher Gewalt sich das erstickende Gestein über die Landschaft legte. Aufmerksame Spaziergänger nehmen vom östlichen Seeufer aus noch heute Gasbläschen im Wasser wahr: Es sind so genannte Mofetten, Austritte von Kohlenstoffdioxid, die auch mit Methan und Schwefelwasserstoff angereichert sein können. Sie zählen zu den Fumarolen, vulkanische Gasaustritte, für die zum Beispiel spektakuläre isländische Landschaften oder auch die Phlegräischen Felder am Vesuv berühmt sind. Sie sind nicht ungefährlich, wie bei Duppach, zwischen Gerolstein und Prüm gelegen, zu sehen ist: Dort liegen rund um eine mit Gasen angereicherte Quelle mitunter tote Mäuse und Vögel, die nicht rechtzeitig den Abflug schafften. Im Sumpfgebiet bei Dreis-Brück ignorierte vor Jahren ein wild campendes Pärchen die Warnhinweise und wachte aus seiner Outdoor-Idylle nie wieder auf.

Eindrucksvollere Blähungen als die Sektperlen im Laacher See produziert Mutter Erde in der Eifel an zwei Kaltwassergeysiren. In Andernach entsteht – allerdings mit etwas menschlicher Nachhilfe – eine formvollendete Fontäne. In Wallenborn – Sie wissen schon, das a-liebende Dorf – gerät eine Quelle im Halbstundentakt in Wallung. Einst war hier ein matschiges Wasserloch in einer Wiese, das man in den 1930er Jahren ausbauen wollte. Solche Dreese oder Sauerbrunnen gibt es Hunderte in der Eifel, viele von ihnen spendieren Gratis-Mineralwasser, das man nur frisch trinken und nicht zum Kaffee- oder Teekochen gebrauchen kann. Wer das trotzdem tut, sollte sein Selfie beim Trinken nicht posten – außer zu Halloween.

In Wallenborn gab es noch ein ganz anderes Problem. Man hatte eine unter Druck stehende Kammer angebohrt, in der sich natürliches Kohlendioxid ansammelt, bis sie voll ist und das Wasser hochdrückt wie bei einer durchgeschüttelten Sprudelflasche. Findig, wie die Eifeler sind, verbrämten sie den nun so genannten Brubbel mit einer stilvollen Einfassung und schlossen einen Themenwanderweg an. Wer am Brubbel die Nase rümpft, tut dies übrigens nicht grundlos. Das Wasser transportiert auch schwefelige Gase hoch, die nach faulen Eiern riechen. Sich lautstark darüber beschweren, ist jedoch nicht opportun … es gab schon Wallenborner, die es gar nicht witzig fanden, als vor etlichen Jahren ein Dauner Anzeigenblättchen in einer Glosse das Szenario entwarf, die Duftnote mit etwas Fichtennadel-Badezusatz aufzuhübschen und so auch der Schaumbildung mehr Nachdruck zu verleihen. Die Folge war ein Aufruf zum Einkaufsboykott der Wallenborner in der Kreisstadt. Beides blieb Theorie – das Bad ebenso wie der Boykott.

Andernorts führte der Eifeler Pragmatismus zu ganz anderen Nutzungen des Vulkanismus. Ist der Basalt erstmal ausgehöhlt, um Mühlsteine oder Baumaterial zu Tage zu fördern, eignen sich die unterirdischen Gänge und Grabungen nicht nur als Winterdomizil für Fledermäuse. Sondern da entstehen begehbare 1a-Kühlschränke, ganz ohne Strom, FCKW und anderen schädlichen Schnickschnack. Während zum Beispiel in Birresborn im Kylltal die dortigen Eishöhlen eher klein und zierlich sind, nehmen sie in der Osteifel gigantische Ausmaße an.

Mendig geriet seit 2011 mehrfach in die Schlagzeilen, weil befürchtet wurde, dass ganze Stadtteile einsturzgefährdet seien. Mittlerweile wurde Entwarnung gegeben, doch in der Tat erstreckt sich rund 30 Meter unter den Gassen ein ausuferndes Labyrinth aus teils kirchenschiffgroßen Hallen, die durch schmale stehengelassene Basaltsäulen gestützt werden. Nicht zufällig schmückt sich das Deutsche Vulkanmuseum, das die turbulente Geologie der Region zum Be-Greifen nah bringt, auch mit dem durchaus zutreffenden Prädikat »Lava-Dome«. Die spirituelle Seite der Sache beschränkte sich jedoch immer auf alkoholische Segnungen: In Mendig gab es fast 30 Brauereien, welche die maximal neun Grad kühlen Stollen zur Lagerung für ihr frisches Bier nutzten. Eine davon ist geblieben. Übertage kann man im Biergarten oder in der Braustube trinken und schlemmen, untertage bei Führungen Gänsehautgefühl genießen.

Sogar die UNESCO findet die Eifel beachtlich und zertifizierte den Natur- und Geopark Vulkaneifel. Chef des Parks ist Geologe Andreas Schüller, der seine Heimat mit wissenschaftlicher Neugier sieht und weiß, dass nichts an ihr selbstverständlich ist. »Bei uns steht Geo für Gaia, also für die ganzheitliche Sicht.« Noch immer hebe sich die Eifel um etwa einen Millimeter pro Jahr. »Das ist für die erdgeschichtliche Entwicklung sehr schnell.« Laut Statistik bricht in der Eifel alle 3.500 Jahre ein Vulkan aus, ein feuriger Gruß aus dem Erdinneren wäre demnach längst überfällig. »Gaia ist kein Statistikfan«, ist Schüller überzeugt, »sondern verhält sich nach ihren eigenen Gesetzen.« Und die werden in der Fachwelt gerade neu erforscht.

Die Erdgeschichte schlug in der Eifel auch noch ganz andere Kapitel auf als den Vulkanismus. Die Dramaturgie des planetarischen Krimis ist ausgefeilt. Es gibt viele Täter und Komplizen, »die« Eifel ist nur Fiktion. Auf den jeweils rund 200 Kilometern

Luftlinie von Nord nach Süd oder von West nach Ost wurde der heutige Naturraum Eifel von ganz unterschiedlichen Klimazonen geprägt und hatte im Laufe der Erdzeitalter vom tropischen Dschungel bis zur arktischen Tundra alles zu bieten. Zwischen dem Hohen Venn im Norden und der Mosel im Süden sind insgesamt 500 Millionen Jahre an der Oberfläche sichtbar ... eines der buntesten Schaufenster der Erde in Europa.

In einem breiten Streifen von Nideggen im Norden bis Gerolstein im Süden offenbart sich zum Beispiel, dass die Eifel mal ausgesehen haben mag wie ein Südseeatoll mit rund 20 Grad warmem Wasser, mit Korallenriffen und Meeresgetier zuhauf ... allerdings ohne schnorchelnde Touristen. Das ist an die 350 bis 400 Millionen Jahre her und geschah im Devon, die Erdkruste der Noch-nicht-Eifel schipperte damals als ozeanischer Meeresboden auf Äquatorhöhe herum. Geblieben sind jede Menge Fossilien im Boden, die man jedoch tunlichst dort lassen sollte. Reste antiker Kalköfen etwa nahe Kronenburg oder Üxheim belegen, dass die Meeresüberbleibsel schon immer wichtiger Rohstoff waren. Bei Ahütte prägt noch heute ein riesiges Zementwerk den Berghang hinunter zum Ahrtal.

Richtung Rhein verrät das Ahrtal, was der Eifel wie auch anderen europäischen Mittelgebirgen buchstäblich zugrunde liegt: die Variszische Gebirgsfaltung, die im Erdaltertum durch den Zusammenprall der Urkontinente Gondwana und Laurussia entstand. Steile Felswände aus Schiefer ragen empor und sind, da sie die Sonnenwärme des Tages speichern, ideales Terroir für den Rotwein, der hier angebaut wird. Moselschiefer kann durchaus demselben bacchantischen Zweck dienen … wurde aber bis vor kurzem rund um Mayen – da auf rund 230 Metern Höhe zu kühl für Reben – viel handfesteren und insofern plebejischeren Zwecken geopfert, nämlich als tolles Material zum Dachdecken oder für Fassaden.

Ganz im Nordwesten der Eifel und politisch in weiten Teilen zu Belgien – also zu den Ardennen und zum Massiv von Stavelot – gehörig ist das Hohe Venn der ewigen Erosion ausgesetzt. Das Hohe Venn basiert nicht wie der Rest der Eifel auf dem Rheinischen Schiefergebirge, sondern auf einer 500 Millionen Jahre alten Revin-Schicht aus dem Kambrium. Ein paar eher unscheinbare Steinbrocken mitten im Wald bei Mützenich verraten den Ursprung: »Kaiser Karls Bettstatt« werden sie genannt, weil sie eine Mulde bilden, in der sich angeblich der legendäre Reichsgründer auf einer Reise zur Ruhe legte. Die Quarzitblöcke sind ein Relikt des ansonsten verwitterten Revins. Dessen Erosion führte zu einer wasserundurchlässigen und kalkfreien Bodenschichtung, auf der Staunässe wiederum die Moorbildung begünstigte. Das Moor begann mit den so genannten

Palsen zu wachsen, von denen einige bis heute sichtbar sind: Am Ende der letzten Eiszeit, als der Frost allmählich nachließ, blieben kreisförmige gefrorene Hügelchen stehen, die das Erdreich hochwölbten. Es rutschte am Eis ab und häufte sich zu einer Art Wall an, in dem das zunehmende Schmelzwasser gefangen war.

Etwas weiter südlich kündet der Name des Städtchens Bleialf von anderen Bodenschätzen, die schon zu Römerzeiten hier abgebaut wurden: das Schwermetall Blei, das hier in der Erdkruste enthalten ist. Und noch weiter Richtung Mosel, im südlichen Grenzgebiet der Eifel hin zu den luxemburgischen Nachbarn, kann man in der Teufelsschlucht eine Dramatik erahnen, die genau wie das Venn von Verfall und Verwitterung am Ende der letzten Eiszeit vor rund 10.000 Jahren erzählt. Während schlappe 100 oder 150 Kilometer weiter östlich also die letzten Feuerberge spuckten, verursachte hier ein gigantischer Felssturz von einer riesigen Hochebene aus Sandstein – dem Ferschweiler Plateau – eine tiefe Kluft. Sie ist nichts für Klaustrophobiker, dafür umso mehr für abenteuerlustige Wanderer mit etwas Kletterkondition. Was sich heute angesichts des Klimawandels in den Alpen zeigt, tat sich damals bereits in der Eifel: Das Zurückweichen der Gletscher lockerte das Gestein, welches massenhaft zu Tal stürzte.

Rund 200 Millionen Jahre zuvor wurde der Südeifeler Sandstein im Zeitalter des Unterjura auf einer wasserundurchlässigen Keuperschicht zusammengepresst. Das warme Jura wiederum waren jene Jahrmillionen, in denen der Urkontinent Pangäa zerbröselte und sich Atlantik sowie Tethysmeer breitmachten. Dinosaurier stapften frohgemut durch eine üppige Vegetation. Was vor einigen Jahren in der Einrichtung eines Dinoparks unweit der Teufelsschlucht mündete. Auf knapp zwei Kilometern Outdoor-Rundweg können vor allem kindliche Gemüter spielerisch erkunden, wie sich die Erde veränderte und alles, was auf ihr wuchs und krabbelte. Mehr als hundert lebensnahe Dinosaurier-Rekonstruktionen schauen einem dabei über die Schulter.

Die Eifel ist geologisch also eine Art Bauchladen, der von allen möglichen erdgeschichtlichen Episoden etwas im Angebot hat. So viel explosive, katastrophale, spektakuläre Vergangenheit macht den heutigen Eifelbewohner oder Eifelgast einfach nur froh: Endlich ist mal Ruhe im Karton, sodass man durchatmen und durchschlafen kann. Bis zum nächsten Vulkanausbruch oder bis zur nächsten Kontinentaldrift. Aber etwas lässt trotzdem das Blut in den Adern gefrieren …

Die merkwürdige Lust auf Mord und Totschlag

Oft fangen bedeutsame Dinge ganz alltäglich an. Man sitzt in der Wohnküche bei Kaffee und Kuchen, plaudert über dieses und jenes ... niemand ahnt zu diesem Zeitpunkt, was daraus entsteht. So war es auch im Herbst 1996 im Hause von Jacques Berndorf alias Michael Preute und seiner damaligen Ehefrau. Ich muss das wissen, denn zu jener Zeit war ich seine Angetraute. Sein fünfter Kriminalroman der Eifel-Reihe war soeben im Dortmunder Grafit-Verlag erschienen und wurde gut angenommen, doch vom Dasein eines Krimi-Gurus, wie er später tituliert wurde, war der in Duisburg geborene Journalist noch ein Stück entfernt. 1989 war »Eifel-Blues« mit dem Antihelden Siggi Baumeister in die Buchläden gekommen, danach »Eifel-Gold«, »Eifel-Filz« und »Eifel-Schnee«, druckfrisch gab es das »Eifel-Feuer«. Die Einladung der Krimiautoren-Vereinigung Syndikat lag auf dem Tisch, man möge doch bitte zum nächsten Treffen der Gruppe – zur Criminale 1997 – in Jever kommen und dort auch vorlesen. Nett, dachten wir beide, das machen wir. Aber warum ausgerechnet Ostfriesland, wo die Eifel doch auch schön ist? Und vor allem viel näher, nämlich vor der eigenen Haustür?

So entstand überwiegend aus Bequemlichkeit die Idee, die versammelte und mit fiktiver krimineller Energie ausgestattete Schriftstellerschar zur übernächsten Criminale im Mai 1999 in die Eifel zu holen. Die rund 200 Krimiautorinnen und -autoren, die dann tatsächlich kamen, fühlten sich pudelwohl. Abends gab es öffentliche Lesungen und Events, gern auch vor ungewöhnlichen Kulissen, zum Beispiel in der Werkshalle eines weltweit agierenden Pumpenherstellers. Natürlich zum Thema Wirtschaftskriminalität, was sonst? Und tagsüber unternahm man Ausflüge zu den allmählich berühmt werdenden Schauplätzen der Eifelkrimis, etwa in den stillgelegten Steinbruch bei Berndorf, in dessen senkrecht aufragender Wand eine fiktive Mörderhatz ihren Höhepunkt fand und in dem realiter nur ein friedlicher Uhu nistete. Auf der untersten Ebene des Steinbruchs war ein Fingerfood-Buffett aufgebaut, in Daun bestiegen derweil die Criminaler ein Shuttle.

Aber die Rechnung war ohne jene Kraft gemacht, welche bei »Rock am Ring« legendär ist. Kaum waren die Kreativen dem Kleinbus entsprungen, zückte der Wettergott sein Waffenarsenal und schickte einen Wolkenbruch mit tischtennisballgroßen Hagelkörnern hernieder. Die taffen Fans von Mord und Totschlag rissen in Panik die Deckel von den Buffett-Wärmern, um damit die klugen Köpfe zu schützen, oder krochen unter die aufgestellten Biertischgarnituren. Lediglich Alfred Komarek, Erfinder des österreichischen Landgendarmen Polt, bewies angesichts der vollen Breitseite »Rheinisch-Sibirien« eine unbeirrbare Gelassenheit, die auch seinen Protagonisten auszeichnet. Genüsslich saß er anschließend beim Bier auf der Terrasse des Rengener Stübchens in der Dauner Innenstadt und kommentierte mit Wiener Schmäh seine Schriftstellerkolleginnen, die durchnässt und mit vor der Brust verschränkten Armen an ihm vorbeihasteten. Er fand, es sei ein besonders gelungener Wet-T-Shirt-Contest.

Eine derart intensive Erlebnisqualität war wohl erst recht Werbung für die Eifel. Jedenfalls war die Criminale 1999 ein so großer Erfolg, dass die Krimifans vor Ort für eine Fortsetzung plädierten. Sogar die Landesregierung zeigte sich geneigt und sagte ihre Unterstützung zu. Seit 2002 ist aus der Eifel-Criminale das Filmfestival »Tatort Eifel« geworden, fester Bestandteil des rheinland-pfälzischen Kultursommers. Es findet im zweijährigen Rhythmus statt und hat schon Größen wie Götz George, Hannelore Elsner, Matthias Brandt, Heino Ferch oder Dietmar Bär in die Vulkaneifel gelockt. »Tatort Eifel« präsentiert sich stolz und mit eher eifeluntypischem Glamour auf der Berlinale. Mit von der Partie sind in und um Daun Drehbuchautoren, Programmverantwortliche von Fernsehsendern und Entscheider der Filmproduktionsfirmen. Der Event gilt als das wichtigste Branchentreffen – auch für den Nachwuchs: Newcomer aller Altersklassen, sogar schulpflichtige Kids, können in Wettbewerben zeigen, wie viel Fantasie und schriftstellerisches Talent in ihnen steckt. Manch eine Krimiautorenkarriere begann an den Maaren.

Das Festival ist wohl einer der Gründe für eine regelrechte Inflation von Eifelstoffen im Fernsehen: »Mord mit Aussicht«, »Der Bulle und das Landei«, »Eifelpraxis« … immer öfter wird den Zuschauern die Region als Brutstätte mehr oder weniger bizarrer Typen und fragwürdiger Machenschaften nahegelegt. Wie viel das alles mit der echten Eifel zu tun hat? Keine sinnvolle Frage, außer: »Bessere Werbung für die Eifel gibt es nicht«, betont Festivalleiter Heinz-Peter Hoffmann immer. Er bekomme von allen Seiten das Feedback, »dass wir mit dem Festival nicht in der Kreisliga spielen, sondern in der Bundesliga«. An die 5.000 bis 7.000 Besucher kommen zu jedem »Tatort Eifel«, teils von weither, wie aus den Kartenvorbestellungen hervorgeht.

Hillesheim ist eigentlich ein harmloser mittelalterlicher Marktflecken mit teils erhaltener Stadtmauer und liebevoll restaurierten, bunten Häusern in der Ortsmitte. Europäische Beispielstadt nennt sich das auch. Und das im realen Leben Schlimmste, was hier passiert, sind die Begegnungen von Vierzigtonnern auf der eigentlich für Lkw gesperrten Durchgangsstraße. Um Frontalkollisionen in einer von mehreren innerstädtischen Neunziggradkurven zu vermeiden, fräsen die Fahrer gern auch mal am buchstäblich herausragenden Balkongeländer eines Hotels, das sich just in der Kurve befindet.

Wohldosierte Schlafstörungen gehören zum bewussten Repertoire dieses Hotels. Denn es nennt sich Krimihotel, es hat sogar einen waschechten Escape-Room und Themenzimmer, die mit Original-Utensilien aus Kriminalfilmen ausgestattet sind. Wer unter den strengen Blicken von Alfred Hitchcock oder Miss Marple süß träumen will, ist hier goldrichtig. Viele wollen das, ein angenehmer Schauder gehört zum menschlichen Abendritual, und nicht von ungefähr sind Krimis liebste Bettlektüre. Hillesheim gar gilt als Deutschlands Hauptstadt des fiktiven Verbrechens. Und das im Grunde nur, weil Berndorf – ein unschuldiger 500-Seelen-Weiler – mal Wohnort von Jacques Berndorf war und zur Verbandsgemeinde Hillesheim gehört.

Obwohl: Hillesheim hat den Ruch des vermeintlich Verbrecherischen nicht passiv entgegengenommen, viel hat man dafür getan. Es gibt geführte Krimiwanderungen oder Touren im Oldtimerbus zu den Schauplätzen der Eifelkrimis. Klara Fall, Hella Blick und Dane Spur nehmen die Ermittlungen auf, im wirklichen Leben keine spitzfindigen Detektivinnen, sondern durchaus vertrauensvolle und zertifizierte Gästeguides. Ganz nebenbei lernt man auf den Spuren der mörderischen Umtriebe zwischen Buchdeckeln auch die Natur kennen, etwa das geschützte Bolsdorfer Tälchen, den über einen dicken Moosteppich abwärts stürzenden Dreimühlen-Wasserfall, die wuchtige Burg über dem Dorf Kerpen oder das kleine Niederehe, in dessen ehemaliger, aus dem 12. Jahrhundert stammender Klosterkirche regelmäßig Konzerte stattfinden: Hier erklingt die erste von Balthasar König gebaute Barock-Orgel. Zum Glück für Menschen, die es eigentlich gar nicht so blutrünstig mögen, dienen viele Eifelkrimis zugleich als Reiseführer; die Verbrechen wurden dort platziert, wo es besonders schön ist. Und manch ein Tipp, wo man Leichen besonders malerisch drapieren oder Verfolgungsjagden inszenieren kann, stammt von cleveren Restaurant- oder Ladenbesitzern, welche die Umgebung ihres Etablissements gern literarisch verewigt sehen. Der berühmte Eifeler Sinn fürs Praktische …

Im Herzen von Hillesheim steht – unbeschadet von PS-starken Attacken – zudem das Kriminalhaus. Vom Dach bis zum Parterre ist hier alles auf Krimis geeicht. Schuld daran haben Ralf Kramp, seines Zeichens natürlich Krimiautor und Verleger, sowie seine Ehefrau Monika, die sich als Buchhändlerin auf Krimis spezialisierte. Beide versammelten mehr

als 30.000 Kriminalromane und darüber hinaus Erst-
ausgaben, Drehbücher, Spiele oder Sekundärliteratur
in passender Agatha-Christie-Atmosphäre zur vermutlich größten deutschen Krimibibliothek. Man
erklimmt sie über knarrende Stiegen. Lesen und sich
in der Zeit verlieren ist ausdrücklich erlaubt, kau-

fen kann man ansonsten vergriffene Exemplare auch. Eine Etage tiefer wird am Nachschub gearbeitet, hier hat der auf Regionalkrimis spezialisierte KBV-Verlag seinen Sitz. Ebenerdig ist in Nachbarschaft zur Buchhandlung Lesezeichen ein plüschiges Kaffeehaus eingerichtet, das Café Sherlock. Zwischen Pistolen, Kerzenleuchtern und anderem wahrhaft »old-fashioned« Zierrat kann man die Kaffeeröstung »Schwarzer Tod«, eine »Chocolat Poirot« oder »Miss Marple's Tea« probieren, dazu garantiert giftfreier und selbstgebackener Kuchen.

Und was sagt der Erfinder des Eifelkrimibooms zu all dem? »Das Krimischreiben war anfangs nichts weiter als eine Art Pausenfüller. Dass es irgendwann so erfolgreich wurde, hat mich selbst überrascht, damit hätte ich nie gerechnet«, erinnert sich mein Ex-Gatte. Denn eigentlich war er mit Langzeitreportagen zum Altwerden in Deutschland, zum Drogenkonsum an Schulen oder zum drohenden Rechtsruck der Gesellschaft beschäftigt. In die Eifel hatte ihn eine Recherche über den einstigen Bunker der Bundesregierung geführt, der unter dem Rotweinwanderweg entlang der Ahr versteckt und heute ein Museum ist. Ein romantisches Weltbild hatte er also nicht, nicht einmal im Hinblick auf seine Wahlheimat. »Die Eifel wird zu sehr idealisiert, das ist idiotisch«, findet Berndorf. »Ich habe immer auch ihre Untiefen geschildert.«

Womit wir bei den realen Verbrechen wären, die in der Eifel geschehen. Die Statistiken der Polizeipräsidien in der Region zeigen, dass die Eifel nach wie vor ein Landstrich ist, in dem es sich sicher leben lässt. Seit Jahren sinken die erfassten Straftaten. So wurden im Revier des Polizeipräsidiums Trier – zu dem auch viele Nicht-Eifeler Kommunen wie etwa die Großstadt Trier gehören – im gesamten Jahr 2018 sieben Mal so genannte »Straftaten gegen das Leben« registriert: zwei Morde, zwei versuchte Totschlage, zwei fahrlässige Tötungen und ein versuchter illegaler Schwangerschaftsabbruch. Gewalttaten, Eigentumsdelikte … all das nimmt ab. Und auch die Statistik der Euskirchener Polizei belegt, dass es im bergigen Teil des Landkreises Euskirchen überaus gesittet zugeht. Im wahren Leben wären Siggi Baumeister oder Sophie Haas eher hinter kleinen Fischen her, die sich mit Verstößen gegen das Betäubungsmittelgesetz, Kirmeskloppereien oder dilettantischen Betrügereien bemerkbar machen.

Was nicht heißt, dass die Eifel vollkommen ohne spektakuläre Fälle auskommen müsste. Jahrelang wurde zum Beispiel der Nürburgring den Ruf nicht los, ein Hort des Verbrechens zu sein. Was zum Roman und zur nicht ganz fiktiven »Eifel-Rallye« zurückführt: Nicht nur, dass demnach findige Gastronomen im Umfeld der Nordschleife an Rennwochenenden massenweise Schwarzgeld in Tüten horten, welches sie dann über die Grenze nach Luxemburg schmuggeln. Und nicht nur, dass massive Geschwindigkeitsübertretungen und andere Verkehrsdelikte ein gern ausgeübter Volkssport sind. Nein, auch Korruption und der ganz große Betrug am Steuerzahler bringen – neben den obligatorisch Gemordeten – das detektivische Blut zum Kochen. Die Leichen waren erfunden, die Protagonisten auch. Der Rest war Hellseherei oder näherte sich zufällig doch bedenklich der Realität, wie man heute weiß. Der millionenschwere Ausbau eines Freizeitparks am Nürburgring wurde zum Millionengrab für die öffentlichen Kassen, gefälschte ungedeckte Schecks, dubiose Hintermänner und nicht minder illegale Aufklärungsversuche eines Politikers inklusive. Etliches davon beschäftigt die Gerichte bis heute, und ein Ex-Finanzminister muss voraussichtlich über die Nürburgring-Deals in den Knast.

So manche Sache riecht in der Eifel nach menschlichen Abgründen. Es gab auch hier, an einem katholischen Internat mit angeschlossenem Gymnasium, Fälle sexuellen Missbrauchs, dessen Verantwortliche bisher noch im Dunkeln bleiben. Es gab denkwürdige Unternehmensinsolvenzen, nach denen sich der Geschäftsinhaber vor Gericht wiederfand und kaum erklären konnte, wie er in seinem eigenen, recht überschaubaren Geschäftszweig mehrstellige Millionenbeträge Miese machen konnte. Es gab bis heute ungeklärte Vorkommnisse um eine ehemalige US-Airbase, die mit Hilfe eines Projektentwicklers aus Luxemburg zu einem wichtigen internationalen Drehkreuz zwischen China und Europa ausgebaut werden sollte. Dumm nur, dass der nette Luxemburger sich lediglich mit Kleinstfluggeräten auskannte, im Großherzogtum als ein unbedarfter Betreiber eines Fitness-Studios und nicht als internationaler Jetsetter bekannt war und im Reich der Mitte – wenn er überhaupt je wirklich dort war – für homerisches Gelächter gesorgt haben mag. Auch vor ganz großen Nummern war die Eifel nicht wirklich gefeit: Anfang der 2000er Jahre machten die betrügerischen Verstrickungen im Umfeld eines großen Krankenhausträgers deutschlandweit Medienfurore. Das auf den ersten Blick karitative Konstrukt entpuppte sich als global agierendes Geflecht, bei dem auch Unterschlagungen zum Repertoire gehörten. Der verurteilte Erfinder ist gerade erst aus der Haft entlassen. Immer hatte man anschließend alle Hände voll zu tun, den Schaden im Zaum zu halten … und vielleicht auch den einen oder anderen Menschen, der noch mehr dazu hätte sagen können.

Legendär war der familiäre Umgangston eines mittlerweile offenbar im Ruhestand befindlichen Bankräubers in der Schneifel. Er bevorzugte immer dasselbe Geldinstitut im einsamen deutsch-belgischen Grenzgebiet. Beim ersten Mal schoben die

Bankangestellten noch Panik. Später dann war man vertrauter miteinander. Der Sage nach beruhigte der Missetäter eine immer noch etwas nervöse Dame hinter dem Schalter mit den Worten »stell dich net so an, du weißt doch, wie das jeht«.

Ein anderes reales Verbrechen in der Eifel war der Mord an der damals 17-jährigen Lolita Brieger aus einem Dorf im abgelegenen Grenzgebiet zwischen Rheinland-Pfalz und Nordrhein-Westfalen, nicht weit von Stadtkyll. Eine klassische Tragödie zweier Teenager, die kein Happyend hatte: Ihre Liebe durfte nicht sein, weil sie nicht in die Pläne der wohlhabenden Familie des »Romeo« passte. Als die junge Frau schwanger wurde, fügte er sich dem Druck seiner Eltern und beendete die Beziehung. Wenige Tage später wurde das Mädchen zum letzten Mal lebend gesehen, im November 1982. Rund 30 Jahre später meldete sich ein Freund des jungen Mannes und gab an, er habe dem Täter bei der Beseitigung der Leiche geholfen. Die wurde auch gefunden. Doch Beweise für einen Mord gab es nicht, der Täter schwieg, es blieb bei einer Klage auf Totschlag. Und der war mittlerweile verjährt.

Ein solches Drama kann überall geschehen. Es sagt nichts aus über die Eifel im Besonderen, sondern vielleicht nur etwas darüber, was Eigenschaften wie Überheblichkeit und Feigheit den Menschen antun können. Und vielleicht kommt das in ländlichen Gegenden deutlicher zum Ausdruck als in Ballungsräumen. Denn jede einzelne Verhaltensweise fällt auf dem Dorf viel mehr auf als in der Stadt ... die negativen wie die positiven. Niemand ist gleichgültig, niemand wird übersehen. Das kann gut sein oder schlecht.

Die Eifel ist in Wirklichkeit kein Tummelplatz für Mord und Totschlag. Nicht einmal bei gruseligstem Herbstwetter, wenn Nebelschleier durch finstere Schluchten wabern, wenn in stockdunkler Nacht einsame Käuzchen rufen oder aus dem Nichts hämische Raben krächzend herbeiflattern. Genauso wenig hat sie nur Pfade der Tugend. So enttäuschend es für Fans der einzigen deutschen Landschaft, die mit Leichen sogar wirbt, sein mag: Strikt kriminalstatistisch gesehen ist sie – bis auf besagte Ausnahmen – sogar ein bisschen langweilig, zum Glück. Die A60, welche sich mit ein paar Unterbrechungen von Rotterdam bis in den Frankfurter Raum zieht, gilt als Drogenschmuggelroute quer durch die Eifel, doch der Konsum vor Ort ist allenfalls durchschnittlich hoch. Die Polizei kennt die Hotspots und die »Kunden«. So hilft man der Spannung mit Fiktion nach. Beispiel gefällig?

Ein bisschen Fiktion für zwischendurch
- ein Kurzkrimi -

Neulich noch hatte sie sich über diesen Wagen geärgert. Wie er da stand, in fröhlichem Sonnengelb lackiert, und Dauns einspurige Hauptschlagader versperrte, kein Herumfahren, sondern Warten war angesagt. Bis die ganze Scheiße abtransportiert war. Und das war nicht einmal ein unflätiger Kraftausdruck, den Vanessa da dachte, sondern dem Anlass angemessen. »Sonnschein und Söhne« waren die Hilfe für die Eifeler, wenn sie in ihren Abwässern und dessen festeren Bestandteilen unterzugehen drohten. Was nicht so ganz selten vorkam, denn »do it yourself« war schon immer die liebste bauliche Betätigung und hatte bisweilen zur Folge, dass Rohre äußerst kreativ und gegen jegliche physikalische Gesetzmäßigkeit verlegt wurden. Schon die Griechen wussten, alles fließt, aber wer hat gesagt, dass alles immer abwärts fließen muss? In der vulkanischen Eifel allemal sprudelt Wasser oft genug aus der Tiefe nach oben.

Vermutlich hatte auch der Erbauer von Vanessas Haus derlei rebellische Gedanken gegen die Schwerkraft gehegt, als er dereinst ein Netz diverser Leitungen webte, von der Küche, vom Bad, vom Klo. Generell ging es für alles, was Mensch und Waschmaschine so von sich geben, natürlich durchaus in die Tiefe ... allerdings erinnerten die frei über dem gestampften Lehmboden im Gewölbekeller schwebenden Rohre in ihrem Auf und Ab eher an die zufälligen Formen einer Meeresdünung denn an absichtsvolle Installateurstätigkeit. Anfangs hatte Vanessa dies als liebenswerte Marotte ihrer Wahlheimat gesehen, wohltuend weit entfernt vom Perfektionismus der schwäbischen Häuslebauer, mit denen sie aufgewachsen war. Doch jetzt ahnte sie: Es ist nie zu spät für einen Kulturschock.

Dabei hatte alles ganz harmlos angefangen. Und reinlich, denn Katzen sind Tiere, die penible Sauberkeit schätzen, und Vanessa hatte deren drei. Was sechs Katzenklos bedeutete, denn wie ihr Freund Google ausgespuckt hatte, braucht jede Katerpersönlichkeit zwei: eines für das kleine und eines für das große Geschäft. Und zwar eigene Klos, von wegen Revierverhalten. Zweimal täglich zu reinigen, versteht sich. Einer der Gründe, warum Vanessa ihren Plan aufgab, aus dem leerstehenden Scheunentrakt ihres vor kurzem gekauften Trierer Einhauses ein Pfötchenhotel zu machen. Sie rechnete: Zehn Gastkatzen macht 20 Klos macht 40 Reinigungsaktionen. Pro Tag. Den Rest ihres Lebens damit zu verbringen, Katzenstreu in allen erdenklichen Aggregatzuständen durch die Gegend zu tragen, erschien ihr nicht erstrebenswert. So beschränkte sie sich auf die eigenen drei Vierbeiner und putzte hinter denen her.

Auch an jenem Morgen, als ein paar dieser hölzernen Pellets, aus denen die Ökostreu besteht, unter die Tür zur Kellertreppe rutschten. Vanessa öffnete sie schwungvoll, um auch dort zu saugen … und wurde beinahe ohnmächtig. Dass ein Gewölbekeller mit Lehmboden nicht duftet wie eine Parfümerie, das war klar. Nicht gerechnet hatte sie mit diesem gasigen Gemisch, dessen olfaktorische Note eindringlich an die Vergänglichkeit alles Irdischen gemahnte. Ein Kontrast hierzu war ein Plätschern, welches sie wahrnahm und welches in seiner steten Munterkeit eine gewisse Frische suggerierte. Sie musste runtergehen, es half nichts.

Der Anblick hatte nichts Erhabenes. Die einst luftig schwebenden Rohre waren an ihren Endstücken auseinandergerutscht und lagen nun schmachvoll in einem sumpfartigen Biotop, aus dem hier und da keck ein Zipfelchen weißen Toilettenpapiers hervorragte, die fünflagige samtige Sorte. Das Biotop wurde permanent befeuchtet, an Nachschub aus den Rohrstümpfen mangelte es nicht. Vanessa drehte sich auf dem Absatz um, eilte die Kellertreppe empor und schloss die Tür. Sie steuerte das Haus ihrer Nachbarin an. Anita war besser als Google, wenn man einen zuverlässigen Handwerker suchte. Und sie wusste, wer das Haus gebaut hatte, in dessen Eingeweiden ein Malheur moderte.

»Die Leitungen … ja, das haben die damals halt so gemacht. Hat sich keiner was bei gedacht«, beantwortete sie die Fragen nach Entstehung und Sinn der Klempnerei. Anita lächelte und gab sich als vorbildliche Vertreterin des Eifeler Stoizismus. »Kannste nix machen.«

Vanessa empört: »Ha, noi! Wenn ich den Kerl erwische, bringe ich ihn um!«

»Geht nicht«, sagte Anita und schüttelte den Kopf, »den kriegste nicht.«

Vanessa: »Aber das ist Pfusch am Bau! Der ist haftbar!«

»Dann geh den mal suchen. Der ist schon lange weg, von einem Tag auf den anderen, hat nicht mal tschüs gesagt. Und dann hat sein Bruder das Haus halt verkauft. Sei froh, sonst hättest du es nicht.«

Von Frohsinn weit entfernt stapfte Vanessa zurück. Ein Installateur musste her, sofort, und er kam, sah und siegte doch nicht. »Da hinten drin ist alles verstopft«, sagte er. »Kein Wunder, dass unter dem Gewicht alles auseinandergerutscht ist. Aber da packe ich nicht rein!« Er angelte sein Handy aus der Jackentasche und wählte die Nummer von »Sonnschein und Söhne«.

Und darum war es jetzt die Straße vor Vanessas Haus, die versperrt war, kein Herumfahren möglich und Warten auch zwecklos. Gefühlte Äonen dröhnte der Motor des gelben Getüms, dann endlich Stille. »Jetzt gucken wir uns das mal an«, meinte ein bärtiger Jens, der das saugende Mobil gefahren hatte, klappte einen Laptop auf und schob einen dünnen Schlauch mit Kamera ins Rohr.

Vanessa hatte keine eigenen Erfahrungen mit einer Darmspiegelung und so etwas nur in einer Gesundheitssendung im dritten Programm betrachtet, mit wenig Vergnügen. So ging es ihr auch jetzt, obwohl das Grau des Rohrs nur von wenigen Schlieren bedeckt war, die man auch für Karamell hätte halten können. Immer weiter tastete sich die Kamera voran, bis ein weißliches Geäst auf dem Bildschirm des Laptops erschien. »Da haben wir den Schuldigen«, frohlockte Jens, »das sind Wurzeln, die haben sich in die Rohre gezwängt. Steht ungefähr einen Meter vor Ihrem Haus ein Baum?«

Vanessa nickte. »Buchs. Und Efeu ... was ist das da?«

Jens stoppte die Kamera. »Das hier?« Er zeigte auf einen Gegenstand, der entfernt an einen Tintenfisch erinnern mochte. Oder an eine Hand. »Das ist eine Hand«, lachte er, »cool!« Dann wurde er ernst. »Oh. Das ist ja wirklich eine Hand.«

So kam es, dass nach dem sonnengelben Wagen bald auch einige blau-weiße vor Vanessas Haus standen. Plus ein langgezogener, schwarzer Kombi, aus dem zwei Männer in weißen Sicherheitsanzügen einen grauen Kunststoffsarg zogen. Bisschen viel Aufwand für eine Hand, dachte Vanessa, aber um ehrlich zu sein, viel denken konnte sie gerade nicht. Sie stand unter Schock. Während Jens im lebhaften Gespräch mit einem der blau Uniformierten vertieft war und zu genießen schien, dass sein berufliches Faible für die Kehrseiten des Menschseins ausführliche Würdigung fand.

Tags darauf war das Dorf nicht wiederzuerkennen. Von Vanessas Haus, von Anitas Haus, von drei weiteren Häusern aus war die Straße aufgerissen, Bagger legten die Kanalrohre frei, die behutsam auseinandergesägt wurden. Für große und kleine Geschäfte standen am Dorfrand sonnengelbe Mobilklos zur Verfügung, was insbesondere Anita nicht tröstete. »Nur wegen dieser ollen Hand muss ich nachts im Schlafanzug in die Kälte. Hätte man die Finger nicht einfach auf den Kompost tun können? Oder verfüttern?« Anita hielt Hühner und diese für die weitaus effektivere Methode, eine Leiche verschwinden zu lassen, wie sie kundtat.

Denn dass es sich um die Beseitigung einer mutmaßlich auf illegale Weise entstandenen Leiche handelte, war bald klar gewesen. An der Hand steckte ein Ring: Alexandra 24. Mai 2006 war eingraviert. Und just an diesem Tag hatte ein Peter Schmitz eine Alexandra Müller geheiratet, was insofern von Belang war, als Peter Schmitz jener Mensch mit der Vorliebe für unorthodoxe Leitungsverlegung gewesen war. Sagte jedenfalls Anita.

»Und wo ist diese Alexandra?«, fragte erstens Vanessa und zweitens mehrfach die Polizei. Vor allem, als außer der Hand noch sechs Zehen und ein Gebiss in der Kanalisation zu Tage gefördert wurden und sich Anita lebhaft daran erinnerte, dass Peter immer genuschelt hatte, weil die Dritten schlecht saßen.

»Die ist auch weg«, antwortete Anita jedem, der es wissen wollte, »fragt mich nicht, wohin.«

Tat der ermittelnde Kommissar natürlich trotzdem, und nachdem er von Anita keine Antwort bekam – übrigens auch nicht von den Schmitzens und Müllers und anderen Weggefährten des buchstäblich Abhandengekommenen – ließ er nach Alexandra fahnden, als mögliche Zeugin eines Mordes.

Derweil nahm das Leben seinen Lauf. Wenn Vanessa ein menschliches Bedürfnis verspürte und dessen Folgen fortspülte, ergoss sich nunmehr Wasser und anderes in geordneten Bahnen in die Kanalisation, von dort aus ins Klärwerk, frisch gereinigt in die Lieser, in die Mosel, in den Rhein, in die Nordsee ... ließ sich vom Golfstrom vereinnahmen, um eine Reise rund um Kleinbritannien zu unternehmen. Vor Grönland sackte Vanessas längst homöopathisch dosierte Hinterlassenschaft in kalte Ozeantiefen ab, wurde eins mit einem Fisch, der zum Laichen in die Karibik schwamm, und landete eines Tages als Molekül der Rückenflosse auf dem Teller einer Dame, die von allen im Dorf Donna Alejandra genannt wurde.

»Ich hasse Gräten«, sagte sie zu dem Mann, der ihr gegenübersaß. »Was würde ich nicht alles für einen anständigen Döppekooche geben!«

»Majusebetter! Dat woar as schien«, seufzte er, »un en Stubbi!«

»Ach Paulchen, rede nicht so, ich kriege Heimweh!« Sie stellte die leer gegessenen Teller auf ein Tablett, stand auf, schaute noch einmal von der Terrasse hinaus in den tropischen Sonnenuntergang und gab sich einen Ruck. »Ab in die Spülmaschine damit.«

Don Smits, wie er genannt wurde, blieb sitzen, legte genüsslich die Beine hoch auf den Tisch, hörte das Klappern und Scheppern von Geschirr und Besteck beim Einräumen. »Tut's der Ablauf eigentlich jetzt oder wird's wieder eine Seenplatte?« Er lächelte in sich hinein.

»Alles tipptopp«, rief sie aus der Küche zu ihm hinaus, »wie hast du das hingekriegt?«

Er gähnte entspannt. »Keine große Sache. Besser als Peter kann ich das allemal. Oder, Schatz?«

Sie kam zu ihm zurück, umarmte ihn von hinten, sodass ihre langen Haare über sein Gesicht hingen und schnurrte ihn an: »Der konnte gar nichts so gut wie du ... vor allem keine Rohre verlegen.« Sie kicherte und drückte ihm einen Kuss auf das sich lichtende Haar.

Er streichelte ihren Arm und grunzte zufrieden. »Mein Brüderchen ... tja, ein Versager und Langweiler auf ganzer Linie. Stell dir vor, du wärst noch bei ihm ...«

Alejandra knuffte ihn in die Seite. »Lieber nicht. Aber sei nicht so undankbar, Süßer. Ohne ihn und das Geld für sein Haus wären wir nicht hier.«

»Da hast du auch wieder recht.«

»Sag mal«, murmelte sie in sein Ohr, »was hast du eigentlich mit ihm ... ich meine, wo ...?«

»Fachmännisch entsorgt. Ich mache keine halben Sachen, bei mir jet net jefriemelt.«

Gib Gas, ich will Spass!

Zurück auf den Boden der Tatsachen. Es war ein schöner Sonntag im Spätseptember. Nichts Böses ahnend dachte ich so naive Sachen wie »nutze die Sonne, wer weiß, wie lange sie noch so scheint, und fahr mal an den Rursee«. Offenbar funktioniert Telepathie tatsächlich und eint die gesamte Bevölkerung zwischen Rotterdam und Hannover. Mindestens. Jedenfalls waren sie gefühlt alle auch da, am Rursee. Und das nicht ohne Grund, denn es war wirklich schön, wie er blau im grünen Dickicht der Eifel glitzerte. Allerdings auch nicht ohne Folgen: Einen Parkplatz zu ergattern erwies sich als illusorisch, und so entschloss ich mich, den letzten Sonnentag des Jahres doch lieber im heimischen Garten zu verbringen.

Ich fädelte mich vom Seeufer aus in den Verkehrsfluss Richtung Vulkaneifel ein, in der Erwartung, nach Überwindung vieler Serpentinen bald wieder auf den luftigen Höhenzügen unterwegs zu sein. Zugegebenermaßen ein unökologischer (sind Ausflüge ja sowieso) Gebirgsfahrstil: Gas geben, bis der Motor satt auf Touren ist, und den Hügel mit

Schmackes nehmen. Blöd ist, wenn der Motor dabei entweder im zweiten Gang untertourig hüstelt oder im ersten Gang hörbar am Limit jault. Da weiß man, irgendwas ist faul an der Sache. Vor allem, wenn man diese Qual für Mensch und Material Kilometer um Kilometer in einer dicht gedrängt schleichenden Prozession durchhalten muss. Und wenn man dabei mühelos das Mindesthaltbarkeitsdatum auf den Chipstüten lesen kann, die irgendwelche Idioten einfach aus dem Auto ins Straßenbegleitgrün geworfen haben. Aber es ging nicht anders, denn oft haben gerade schmale Eifeler Landstraßen die Eigenart, nicht einmal 150 Meter am Stück geradeaus zu führen ... und wenn doch, dann haben sadistische Verkehrsplaner genau dort eine begrünte Verkehrsinsel eingebaut oder durchgezogene Mittellinien gemalt. An gemächlich Vorausfahrenden kommt so niemand vorbei. Ungefähr eine halbe Stunde dauerte die Schinderei, immer mal gelang es einem Auto ganz vorn, sich auf wundersame Weise aus dem Staub zu machen. Die Schlange wurde kürzer. Und endlich konnte auch ich die Ursache des zermürbenden Stop-and-go ausmachen: ein bergan rollender Segway mitten auf der Fahrspur, bemannt von einem in stoischer Vertikale verharrenden Wesen mit Bermudashorts. Am Lenker wehte munter das rot-weiße Fähnchen eines rheinischen Fußballclubs.

Manchmal sind es auch die Eifeler höchstselbst, die für gedrosseltes Tempo und Bisse ins Lenkrad der Nachfahrenden sorgen. Manchmal nämlich tuckern Kleinstwagen mit 45-km/h-Schild durch die Gegend und fahren garantiert auch nicht schneller. Am Steuer eines solchen Leichtfahrzeuges sitzt in der Regel ein älterer Mensch, der lediglich im Besitz eines Mopedführerscheins ist ... für viele der Generation Ü80 die einzige Fortbewegungsmöglichkeit in einem Landstrich, in dem Radfahren sportliche Ambitionen voraussetzt und wo die Taktung der Busse jene zeitlichen Dimensionen sprengt, die man von der eigenen Lebenserwartung her noch überblicken mag.

Man könnte also meinen, in der Eifel geht alles langsam und gesittet zu. Tut es auch. Mal mehr, mal weniger. Mehr, weil im nordrhein-westfälischen Teil eine gewisse Passion für stationäre Blitzer dazu beiträgt. Eine der verhasstesten Radarfallen begrüßt den Reisenden auf der L115, die sich als gut ausgebautes Asphaltband vom Ende der A1 bei Blankenheim hinunter ins Ahrtal windet: An der Kreuzung nach Freilingen und Lommersdorf entstanden vermutlich Andenken, die noch Kindern und Kindeskindern präsentiert werden: »Guck mal, unser Eifelurlaub! Und Papa bohrt bei hundertzehn Sachen in der Nase!« In Rheinland-Pfalz mag man keine stationären Blitzer. Was die Sache für Raser nicht einfacher macht, im Gegenteil. Hier herrscht pure Heimtücke. Denn oft verkleiden sich mobile Radarfallen als Anhänger, den irgendwer achtlos am Straßenrand hat stehen lassen. Während man im Vorbeieilen dumm guckt und überlegt, ob man die Polizei auf die Karre aufmerksam machen soll, ist das Foto schon im Kasten.

Aber hier soll es um die zulässigen Geschwindigkeitsräusche gehen, denen man in der Eifel erliegen kann. Da ist zum Beispiel das Green Hell Driving, sprich die Touristenfahrten auf der Nordschleife oder sogar auf der Grand-Prix-Strecke des Nürburgrings. Es heißt wohl zu Recht Touristenfahrt, weil die Einheimischen selbst auf den unzähligen kleinen Land- und Kreisstraßen legalen Fahrspaß haben, und zwar bei freiem Eintritt. Denn längst nicht überall mahnen im wilden Auf und Ab der Eifel-Topografie Schilder mit Geschwindigkeitsbeschränkungen, den Fuß vom Gaspedal zu nehmen. Häufig darf man theoretisch auch dort 100 Stundenkilometer brettern, wo abrupte Kurven es ratsam erscheinen lassen, mit höchstens der Hälfte auszukommen. Nicht immer geht das gut. Die Vielfalt mit Kerzen und Blumen geschmückter Kreuze am Straßenrand ist nicht unbedingt ein Anzeichen dafür, dass die Eifeler alle paar Kilometer von der Sehnsucht nach Andacht gepackt würden. Sondern dafür, dass sie die Ihren, die das Leben im Verkehr ließen, auch nach Jahren nicht vergessen.

Aber zurück zum Nürburgring und zu den Abenteuern, die er Freizeit-Schumis erlaubt. Wer will, kann auf der mehr als 20 Kilometer langen Nordschleife sogar fast täglich seine rasanten Runden drehen ... nach den Regeln der StVO, versteht sich, aber ohne Gegenverkehr. Hier ist es quasi urdemokratisch, auf »speed« zu sein: Lamborghinis, Ferraris oder Maseratis teilen sich den Kick mit Opas Familienkutsche. Sie alle eint die Faszination, genau dort den Asphalt zu schrubben, wo schon Legenden wie Jackie Stewart, Niki Lauda oder Stefan Bellof rumkurvten. Manchmal setzt sich jedoch ein fahrbarer Untersatz zur Wehr und gibt im historischen Ambiente qualmend seine Abschiedsvorstellung ... eine Art Konjunkturpaket für die boomende Branche der Autowerkstätten und Abschleppdienste rund um den Ring. Wer ahnt, dass der eigene Pkw der Herausforderung nicht gewachsen sein könnte, greift besser zum speziellen Mietwagen. Oder vertraut sich als Co-Pilot einem ausgebildeten Rennfahrer in einem Mercedes-AMG GT R* (genannt »Beast of the Green Hell«) an. Das ist weder ein preiswertes noch ein ökologisches Vergnügen, aber eine sichere Methode, in einer halben Stunde für den Rest des Lebens zum Rennfieberinfizierten zu werden. Auch paradoxe Reaktionen wurden – wenngleich selten – beobachtet: eine derart ausgeprägte Reisekrankheit, dass fürderhin allenfalls Kutsch-

fahrten oder Wandern mit Esel auf dem Freizeit-
programm standen.

Solche eher ruhigen Gemüter dürften erleichtert
sein, dass der einst spektakulärste Abschnitt nicht
mehr befahren wird, eine Steilstrecke mit bis zu
27 Prozent Steigung. Das Caracciola-Karussell, ein
nach dem Ur-Star des Rennsports benannter Steil-
wand-Kreisel, ist jedoch nicht minder eine Bewäh-
rungsprobe für jeden Beifahrermagen. Auch see-
lisch darf nicht immer empfindlich sein, wer sich in
die grüne Hölle wagt. Auf Höhe »Brünnchen« lauern hinterm Sicherheitszaun oft Heerscharen von
Zuschauern, die sich auf ihrer Campingbestuhlung
lümmeln und dem panischen Hobby-Rennfahrer
schadenfroh entgegengrinsen. Hier gilt es, cool zu
bleiben.

Das ist beim sommerlichen Eifel-Rallye-Festival
in der Vulkaneifel nicht nötig, im Gegenteil. Das
Festival ist eine Art Familientreffen für Benzinblü-
ter, bei dem man mit den Fahrern auf Tuchfühlung
gehen darf. Es nennt sich »Elefantentreffen des historischen Rallyesports«. Die Mitte der Kleinstadt
Daun wird zum Fahrerlager, zum Start-Ziel-Punkt
und zur Partymeile. NSU-Prinz, Opel-Kadett, Ford-
Escort, Audi 80, Saab 99 und ähnliche Dinosaurier
des automobilen Fahrspaßes erleben ihr Revival.
Schon Tage vor dem eigentlichen Wettbewerb kurven die technischen Oldies, nicht selten gesteuert von

ebenfalls nicht mehr ganz jungen Piloten, durch die Gegend: zumeist unüberhörbar getunt, quietsche-bunt lackiert und mit voller Christbaumbeleuchtung auch tagsüber. Der Event hat im Übrigen nicht das schnellste Gefährt im Blick. Der Show-Effekt und die Beherrschung der regionstypischen Buckelpisten stehen im Vordergrund. Mantaloch oder Sarmers-bachkurve heißen die Adrenalinkicks, bei denen die zackige Wegeführung in Tateinheit mit imposanten Schlaglöchern oder rutschigem Schotter gern auch mal zu kurzen fliegerischen Aktivitäten der Betei-ligten führt. Die Strecken führen nah an Dörfern vorbei oder sogar mitten hindurch, wie in besagtem Sarmersbach, wo nachher regelmäßig der eine oder andere Zaun repariert werden muss. Vollkommen ungefährlich ist das Ganze trotz aller akribischen Sicherheitsmaßnahmen auch für das staunende Pub-likum nicht, wie ein Unfall mit mehreren Verletz-ten in 2019 beweist. Da gab es den einen Moment, wo alle sich fragten, ob die Show weitergehen soll und darf. Die einhellige Antwort lautete nach einem Innehalten und der Nachricht, dass es glimpflicher abging als befürchtet: no risk, no fun. Dabei haben auch Menschen ihren Spaß, denen der Rallyesport an sich vollkommen schnuppe ist. Denn in vielen Dörfern an den Strecken ist das Rallyewochenende die Gelegenheit, die Biertischgarnituren rauszustel-len und mit dem Verkauf von gekühlten Stubbis mit

Bitburger Bier, von selbstgebackenem Kuchen und von reichlich Gegrilltem die Gemeindekasse aufzufüllen. Dann sind auch die Landfrauen handfest im Einsatz, und hinterher gibt es ein Helferfest obendrein ... doppeltes Vergnügen also für die Anrainer des Rallyeparcours.

In der Südeifel, in einem properen Dorf namens Wolsfeld unweit von Bitburg, geht es zu Pfingsten ausgesprochen knackig zur Sache. Hier startet mit 1.640 Metern Streckenlänge das kürzeste Bergrennen Deutschlands, zugleich misst die Piste nur fünf Meter Breite. Und wehe, jemand wagt es aus Unwissenheit, auch hierzu »Rallye« zu sagen. Dann erntet man schiefe Blicke, denn ein Bergrennen – in Wolsfeld mit stolzen neun Prozent Steigung – ist nun mal etwas ganz anderes als eine Rallye. Was genau daran anders ist, wissen die Eingeweihten; auf jeden Fall werden hier die Sekundenbruchteile gemessen. Höchste Präzision ist Trumpf. Dabei begann alles eher ... naja, nennen wir es, wie es war: illegal. Anfang der 1950er Jahre ließen US-Soldaten von der nahen Airbase Bitburg nicht davon ab, private Autorennen zu veranstalten. Doch bald siegte die Ordnungsliebe, es wurde der »Bitburg Sports Car Club« gegründet, wenig später zu »Eifel Motor Sport Club« eingedeutscht. Und der wiederum beantragte den notwendigen Behördensegen samt dazugehöriger Streckensperrung für einen offiziellen Wettbewerb.

Der lockt mittlerweile jährlich an die 5.000 Besucher ins Dorf, das zum Boxenstopp-Areal mutiert. Auch hier ist es problemlos möglich, mit den Fahrern zu fachsimpeln oder zuzuschauen, wie der letzte Feinschliff am Fahrzeug erfolgt. Und es ist eine bunte Mischung aus Fahrzeugen, die sich am steilen Berg beweisen: seriennahe Tourenwagen ebenso wie Boliden mit bis zu 800 PS. Allein schon die engen Kurven sorgen für Gerechtigkeit, denn hier gibt das fahrerische Geschick den Ausschlag, wie gut spektakuläre Fahrmanöver und rasante Drifts gemeistert werden. Ein Warm-up gibt es nicht. Was dazu führt, dass die Fahrer vorab jedes Detail der Strecke auswendig lernen – zu Fuß beim Spaziergang mit der Nase nah am Asphalt.

Wobei wir bei einer ganz anderen eifeltypischen Art der Beschleunigung wären. Denn es ist beileibe nicht so, dass Eifeler nur mit ordentlich PS unter der Haube gern fix unterwegs sind. Sie sind – mit Ausnahmen – überhaupt fix unterwegs, allein schon aus der Gewohnheit heraus, zum Geldverdienen immer wieder weite Distanzen überwinden zu müssen. Das Laufen ist zum Beispiel Inge Umbach aus dem kleinen Maardorf Ellscheid in die Wiege gelegt worden. Schon als Kind erledigte sie am liebsten alles im Galopp. »Gehen war mir immer zu nichtssagend«, erinnert sie sich. Was sie jedoch nicht davon abhielt, zunächst sogar einen sitzenden Beruf als Bilanzbuchhalterin zu erlernen. Doch in den 1990er Jahren nahm sie allen Mut zusammen, absolvierte eine Ausbildung zur Lauftherapeutin und sagte den Schreibtischen adieu. Heute ist sie Rheinlandmeisterin der Ü65-Jährigen im Halbmarathon.

Es gibt viele Aufnahmen, die zeigen sie als strahlende, sehr zierliche Frau beim Zieleinlauf von Volksläufen. Mit Blick auf eigene Rundungen denkt man vielleicht: »Klar, die kann das … aber ich nicht.« Derlei Abwehrhaltung gilt jedoch nicht. Ihre Laufschule trägt nicht von ungefähr den Namen »Schritt für Schritt«, denn genau so beginnt bei ihr auch die Sportbegeisterung von Untrainierten, Übergewichtigen, Kurzatmigen oder anderen, die Bewegung sonst eher vom Sofa aus im Fernsehen beobachten. Inge Umbachs Überzeugungskraft macht auch vor Kindern mit ADHS, vor Büromenschen mit Burnout oder vor Senioren mit Arthrose nicht Halt. Eine Minute gehen, eine Minute laufen und dabei den Rücken strecken, sodass die Atemwege frei sind … so fängt das läuferische Leben an. Am Ende schafft es jeder mit zwei Beinen und Lungenflügeln, mindestens eine halbe Stunde durchgehend auf Trab zu sein. »Laufen ersetzt keine Psychotherapie oder medikamentöse Behandlung, aber es wirkt gegen Stress, verändert die Sichtweise auf das Leben und lockert Blockaden«, gibt die Inge, wie sie in der ganzen Vulkaneifel heißt, ihren Schützlingen mit auf den Weg. Sanftmut gehört dazu, denn um Leistungsdruck geht es gar nicht: In den Gruppen ist Rücksicht auf die Langsamsten eine Selbstverständlichkeit, sodass selbst bei vermeintlichen Sportnieten der Horror beschämender Unterrichtsstunden in der Schule vergessen ist.

So hat sie auch mich zum Kauf von Laufschuhen verführt. Der erste temporeichere Gehversuch scheiterte, woran ich jedoch gänzlich unschuldig war. Schon während der ersten Schritte braute sich über unseren Köpfen schwarzes Gewölk zusammen, das sich bald in Sturzbächen entlud. Wir brachen ab, ich fuhr die wenigen Kilometer heim. Fahren ist das falsche Wort: Mein Auto tauchte mehr oder weniger durch die Fluten und pflügte durch knöcheltiefe Hagelschichten. Gerade noch rechtzeitig sah ich in einer Kurve, dass vor mir zwei Autos gestrandet waren, das hintere ein Polizeiwagen. Zwei Männer in Uniform und einer in Shorts und Sommersandalen versuchten, das vordere Fahrzeug flottzukriegen. Nur nicht anhalten, dachte ich panisch, sonst bleibst du auch quer zur Fahrbahn stecken. Es gelang mir, an der Szenerie vorbeizugleiten. Abends dann konnte ich das Ganze in den Nachrichten bewundern, der Autofahrer hinter mir hatte einen Videoclip draus gemacht. Und so werde ich in der Mediathek bis heute an meine erste Laufstunde erinnert.

Alles fängt mit Aufwärmrunden entlang von Weidezäunen an, hinter denen Kühe aufmerksam die Fortschritte in Augenschein nehmen. Sie feuern nicht an, aber ihr wohlwollend-stoischer Blick kann auch als Ansporn dienen. Dann geht es ab in den Wald und runter zum Mürmes … jenes sumpfige, nur hüfthoch von Wasser gefüllte Maar. Im Hochsommer, wenn über den sonnenbeschienenen Höhen die Hitze steht, ist im Tal auf zumeist schattigen Pfaden längst noch Bewegung ohne Kollaps möglich. Jedes Jahr Ende August bringt hier der Maare-Mosel-Lauf – kurz MML genannt – rund 1.500 Menschen in Schwung, und dann ist das Wetter in der Regel längst wieder milde gestimmt. Gelaufen werden keine stupiden Runden, sondern die Routen präsentieren ein »best of …« der Vulkaneifellandschaft. Wobei es auf der Langstrecke gut ist, weder unter Höhenangst noch unter Klaustrophobie zu leiden, denn manch eine MML-Variante führt durch einen fast 600 Meter langen Tunnel, den man sich nachts mit Fledermäusen teilen müsste, und über ein 30 Meter hohes Viadukt. Ein spezieller GesundLand-Lauf im Rahmen des MML ist insofern gar keiner, als die sieben Kilometer auch in aller Seelenruhe gewalkt werden können. Oder man geht schlicht spazieren. Die Zeit misst hierbei sowieso niemand.

Die Eifeler tanzen, was sportliche Disziplin angeht, halt gern aus der Reihe. Manchmal jedoch tanzen sie sogar ausgesprochen gern reihenweise. Im Trierer Stadtteil Biewer, auf der Eifelseite der Mosel, hüpfen am Karnevalsdienstag kostümierte Hexen Seit' an Seit' im Polkatakt durch die Straßen und treiben den Winter aus. Denselben mitreißenden Rhythmus hat die pfingstliche Springprozession im Blut, drei Schritte nach vorn, zwei Schritte zurück, wobei jeder fromme

Hopser mit den anderen Pilgern durch weiße Tücher verbunden ist. Eigentlich beginnt die berühmte, von der UNESCO als immaterielles Weltkulturerbe ausgezeichnete Prozession nicht im luxemburgischen Echternach, sondern bereits Tage und Kilometer zuvor an der Basilika in Prüm in der Schneifel. Aber selbst die taffesten fußwallfahrenden Eifeler können nicht knapp 60 Kilometer nonstop durch die Gegend tänzeln, also pilgert man über weite Strecken gesittet geradeaus.

Die erratische Methode »vor und zurück« fällt nicht wirklich unter die Rubrik Geschwindigkeitsrausch, aber das Radfahren in der Eifel bisweilen schon. Die Region gilt als eine idealtypische Urlaubslandschaft für alle, die das Motto der Janosch-Maus beherzigen und radeln, weil es die Waden stark macht. Besagte Maus wollte bis Dänemark, aber so weit muss es gar nicht kommen. Es reicht völlig, sich zum Beispiel am Dauner Bahnhof aufs Rad zu schwingen und – mit ein bisschen Strampeln zwischendurch, versteht sich – auf dem Maare-Mosel-Radweg den Fahrtwind bis runter in die Weinseligkeit zu spüren. Zurück und bergauf geht es dann mit einem Regionalbus samt Anhänger für die Fahrräder. Man kann auch ganz relaxt entlang der Flüsse Kyll, Nims, Prüm oder Ahr in die Pedale treten, ohne dass es mörderisch anstrengend wird.

Das Radlerglück ist in der Eifel oft genug des Eisenbahners Pech. Früher war die Eifel ihrer dünnen

Besiedlung zum Trotz durchzogen von einem dichten Schienennetz, denn Preußen und später die Nazis sahen die Gegend vor allem als Truppenaufmarschgebiet im Kampf gegen das imaginierte Böse im Westen. Und nichts eignete sich besser, um Mensch und Material an die Front zu werfen, als Züge. Der Frieden ab Mitte des 20. Jahrhunderts und die zunehmende Privatmotorisierung ließen etliche Strecken überflüssig erscheinen. Man versuchte auf einigen wenigen Verbindungen touristische Sightseeing-Fahrten mit Dampfloks oder Triebwagen, doch zuletzt lohnte sich auch das nicht mehr … zu marode die Schienen und die Brücken, die Gleiskörper unterlagen im Kampf mit dem Gestrüpp. Heutzutage ist nicht einmal die Groß- und Universitätsstadt Trier ans Fernnetz der Deutschen Bahn angeschlossen, man zockelt per Regionalexpress in die einstige Zweithauptstadt des römischen Reiches. Die Kommunalpolitiker pumpten ansehnliche Millionenbeträge in die Umwidmung von Schienen- zu Radwegen, auf denen sich jetzt sogar Familien tummeln, die sonst nur Pättkestouren durch das platte Emsland gewohnt sind. Auf den ebenen Ex-Bahntrassen muss man sich schon Mühe geben, um aus der Puste zu kommen.

Wem das zu wenig Action ist, bitteschön: Beispielsweise der »VulkanBike Trailpark« mit 750 Kilometern und 17.500 Höhenmetern, die es zu überwinden gilt, bietet da ein ganz anderes Kaliber. Gleiches gilt im Norden, nämlich in der Rureifel, für die 500 Kilometer von »Freifahrt Eifel«. Auch der Nürburgring und seine Umgebung kommen längst nicht mehr ohne Adrenalinschübe für Mountainbiker aus, drei abenteuerliche Routen firmieren als Nürburgring-Arena. Die Vulkaneifeler mit ihrem Hang zu Spektakeln ließen es sich nicht nehmen, rund um ihre Kreisstadt Daun mit dem VulkanBike-Marathon für rund 2.000 Teilnehmer ein Mega-Event zu kreieren, das immer Mitte September stattfindet. Auch Rennradsport ist der Eifel nicht fremd. Unvergessen – bedauerlicherweise auch wegen Doping-Skandalen – ist das Team Gerolsteiner, welches ganz vorn bei der Tour de France mitmischte.

Wer jetzt allerdings glaubt, die Eifeler selbst seien ein durch und durch radbegeistertes Völkchen, irrt gewaltig. Etliche der älteren Generation haben das Radfahren sogar nie gelernt. Sich die unvermeidlichen Steigungen normaler Landstraßen und Wirtschaftswege empor zu quälen oder auf den Gefällstrecken ins Schlingern zu geraten, ist ihre Sache nicht. Allenfalls E-Bikes lassen sie sich gefallen, um zweirädrig innerorts von A nach B zu kommen. Zumeist sind es Touristen, die mit dem Fahrrad unterwegs sind … und Gefahr laufen, beim Verlassen der ausgewiesenen Radwege von autofahrenden Einheimischen übersehen zu werden. Niemand rechnet mit Radlern auf der Straße, Bad Münstereifel ist eben nicht

Münster. Historische Fotos in Jahrbüchern beweisen, dass noch bis Mitte des vorigen Jahrhunderts nicht Zweiräder, sondern Ochsengespanne das alltägliche Fortbewegungsmittel waren.

Lebe wild und naturnah

Rindviecher haben es in der Eifel zumeist ziemlich gut, andere Tiere auch. Denn eine zerklüftete Landschaft mit felsigen, mageren Böden eignet sich nicht für die Massentierhaltung. Die Höfe sind bis heute vergleichsweise klein. Das seit den 1970er Jahren aus den Prärien des US-amerikanischen Mittelwestens importierte Motto »Wachse oder weiche« und das Mantra, man müsse um jeden Preis mitmachen, wenn Lebensmittel rund um den Globus verscherbelt werden, klingt in den Ohren vieler katholischer Eifelbauern nicht ganz so verführerisch wie andernorts. Wenn es schon um Glaubenssätze geht, dann lieber den Schutz von Gottes Schöpfung.

Um ein andächtiges Gefühl angesichts der Natur zu bekommen, reicht in der Eifel manchmal auch schon eine Grillparty. Viele Dörfer haben außerhalb, inmitten der Wiesen und Wälder, hölzerne Grillhütten, die von Vereinen und Bürgermeistern gehütet werden wie Augäpfel. Die von Laufeld bei Manderscheid beispielsweise liegt versteckt auf einem Felssporn hoch über dem Liesertal und ist umstanden von uralten Bäumen. Es war irgendwann um Mittsommer, als ich mit Freunden dort in den Abend und in die Nacht hinein feierte. Das Lagerfeuer war längst gelöscht, doch niemand von uns konnte sich von dem Anblick trennen: ein Sternenhimmel, der uns Wichtel auf der Erde geradezu anzusaugen schien, mittendrin ein glasklarer, eher goldener als silbriger Vollmond. Niemand sagte mehr was. Wir setzten und legten uns so, wie wir waren, einfach unter die Bäume und warteten auf den Morgen. Ab und an hörten wir Käuzchen rufen. Irgendwer raschelte und knackte durchs Gebüsch. Es hätte unheimlich sein können. Aber es war ein Gefühl absoluter Geborgenheit.

Das ist auch in der Eifel nicht alltäglich. Und nicht überall duftet eine Mittsommernacht noch nach Heu und Kräutern. Manch einer pflügt die traditionelle Grünlandwirtschaft für Maismonokulturen unter. Und manch einer wird dafür von Nachbarn und Bürgermeistern ins Gebet genommen. Nicht ohne Grund, denn die Hanglagen vertragen keine Maisfelder. Sonst ergießen sich aus ihnen bei starkem Regen braune Schlammfluten durch die Dörfer, so schon öfter geschehen im vergleichsweise fruchtbaren und von größeren Höfen geprägten Bitburger Gutland. Aus Schaden kann man klug werden. Einige Landwirte ziehen mittlerweile Sonnenblumen dem Mais vor, die sehen auch schöner aus. Und Eifelbauern, die weder wachsen noch weichen wollen, setzen nicht auf Masse, sondern auf Gastlichkeit. »NatUrlaub bei

Freunden« heißt das und macht manchmal sogar den Kuhstall zum Streichelzoo.

Dennoch versuchen Agrarindustrielle immer wieder mal, einen Fuß in die Eifeler Tür zu bekommen. Aber zumeist scheitern sie früher oder später am Volkszorn. Legendär ist der Versuch eines Investors, im Kylltal bei Birresborn die größte Hühnerfarm in Rheinland-Pfalz aufzubauen. Rund 330.000 Tiere wollte eine Holding aus den Niederlanden in mehrstöckige Ställe mitten im Wald pferchen. Bodenhaltung nennt sich das. Der Ortsgemeinderat des Dorfes stand vor einer schweren Entscheidung, denn es war zugleich die Chance, endlich ein brachliegendes Gewerbegebiet an den Mann zu bringen. Dann wurde es laut im Wald: Mit Trillerpfeifen, Parolen und Spruchbändern rückten Hunderte Eifeler an. »Keine Hühnerqual im Kylltal!«, »Gestankfabrik am Eifelsteig«, »Wir sind Eifel!« oder »Stoppt den Hühnerwahn« lauteten die Slogans. Der Herr der Legehennen ward nicht mehr gesehen.

Ähnliches Einsehen, aber mehr Standorttreue zeigte nach massivem Bürgerprotest ein anderer Niederländer, der unweit der Produktionsstätte des Gerolsteiner Mineralwassers eine für Eifeler Verhältnisse gigantische Stallhaltung mit 600 Milchkühen aufgebaut hatte. Den Anwohnern ebenso wie den berühmten Mineralwasserherstellern stank die Sache – buchstäblich. Gülle gelangte sogar in einen benachbarten Bach, der in die Kyll mündet. Wenige Jahre später ist aus dem umstrittenen konventionellen Erzeuger ein zertifizierter Bioland-Bauer geworden. Er reduzierte den Viehbestand deutlich, seine Kühe dürfen im Sommer auf die Weide, sie fressen frisches Gras und Heu statt Silage. Die Landluft eignet sich rund um den Reginenhof wieder zum Durchatmen. Eine 24-Stunden-Milchtankstelle versorgt Vorbeifahrende, absichtlich Herkommende und etliche der Angestellten aus dem nahen Sprudelwerk. Fleisch gibt es ebenfalls frisch ab Hof, aber

ein Tier wird erst geschlachtet, wenn eine Mindest-
bestellmenge erreicht ist. Nichts wird billig für die
Wegwerfmentalität produziert und alle sind zufrieden: die Nachbarn, die Abnehmer der Öko-Lebens-
mittel, der Gerolsteiner Brunnen, vermutlich auch
die Kühe ... und der Bauer samt Familie, der nun
im Internet keine Shitstorms mehr erntet, sondern
Herzchen und »Daumen hoch«.

Die Lage der Landwirte gilt als prekär: Weil die
Verschuldung ständig steigt, um technisch mithalten
zu können. Weil sie endlose Stunden am Computer
kleben, um ihren Dokumentationspflichten nach-
zukommen. Weil viele Verbraucher die Bauern für
die größten Umweltverschmutzer halten. Weil die
nachfolgende Generation dankend abwinkt und kein

Hofnachfolger in Sicht ist. Weil ihre Erzeugerpreise für Fleisch, Milch und Getreide letztlich von Algorithmen an irgendwelchen Börsen in Shanghai oder New York entschieden werden, aber nicht im fairen Wettbewerb von Mensch zu Mensch. Und weil diese Preise in der Regel nur eine Richtung kennen: abwärts. Wer so leben muss, hat wohl kaum das Gefühl, einen anerkannten und erfolgversprechenden Beruf auszuüben, der im Einklang mit der Natur steht.

In vielen Eifelregionen gibt es Höfe, die solche Sorgen nicht oder zumindest nicht in dem üblichen Ausmaß teilen. Die so genannte Strukturschwäche der Eifel ist längst eine ihrer Stärken geworden. Die frühere Realerbteilung machte die Höfe und Parzellen immer kleiner, manchmal blieb am Ende buchstäblich nur der Misthaufen für die Erben einer zahlreichen Geschwisterschar. Auch nach dem, was Flurbereinigung genannt wird, entwickelte sich kaum ein Bauernhof zu den in Nord- und Ostdeutschland oder in Bayern üblichen Großbetrieben. Nicht einmal die Aussiedlerhöfe, die ab Mitte des 20. Jahrhunderts aus der kuscheligen Enge der Dörfer in die Umgebung zogen, schafften das. Alle naslang standen und stehen felsige Schluchten oder schroffe Vulkangipfel, unfruchtbare Hänge oder morastige Senken dem Ehrgeiz im Weg. Die von Mutter Natur verordnete Bescheidenheit machte viele der Landwirte jedoch kreativ im Finden von Nischen.

Zu denen gehören die Bauern vom Ulmenhof in Sarmersbach, ihnen sind deprimierende Umstände nur aus den Medien bekannt. Schon vor dem Dorf fällt auf, dass dort allerlei Federvieh putzmunter auf grünen Wiesen unterwegs ist. Ein zarter Zaun, eher ein Netz, umspannt das Areal, drei mobile Hühnerställe stehen drauf. Manchmal flutscht ein Huhn durch die Maschen und glaubt offenbar, jenseits des Erlaubten sei alles leckerer. Michael Kneißl, ein jungenhafter, quirliger Typ, der nichts zu tun hat mit dem schwerfälligen Image RTL-gecasteter Berufskollegen, fängt die Ausreißer wieder ein. Dann hat er manchmal nicht nur ein braunes, gackerndes Huhn auf dem Arm, sondern zugleich ein kleines Kind an der Hand: zwei Generationen eines Drei-Generationen-Projektes, das auf den ersten bis mindestens vierten Blick wirkt wie aus einem Astrid-Lindgren-Buch. Das einzige Problem auf der Hühnerwiese sind Bussarde und Füchse aus dem nahen Wald, die gern frisches Huhn mögen.

Ein paar Hundert Meter weiter, mitten im Dorf, liegt der Ulmenhof, den die beiden Familien Frangen und Kneißl betreiben. Dazu gehört ein Bioladen, der von den Lesern eines großen Öko-Magazins als einer der besten in Deutschland gewählt wurde und als vorbildliches Start-up den Eifel-Award bekam.

Dazu gehört auch eine kleine Café-Ecke, in der Kinder mit Holzspielzeug beschäftigt werden können, und eine Außenterrasse, auf der man im Sommer dem Bauerngarten beim Blühen und Gedeihen zuschauen kann. Drinnen gibt es das komplette Sortiment eines klassischen Bioladens. Käse, Joghurt und Ziegensalami stammen, wie die Eier, aus eigener Produktion, denn neben den Hühnern leben so genannte Angler Rotvieh-Milchkühe und Ziegen auf dem Ulmenhof.

Beim Kauf von ein paar Scheiben Ziegensalami, plastikfrei verpackt in Wachspapier, erfahre ich dann schon mal, wen ich da verspeise: »Diese Ziege hat die anderen immer gemobbt, darum war sie dran«, tröstet mich Anna-Maria Kneißl über die Ladentheke hinweg und gibt mir ein gutes Gewissen. Der faire Bio-Kaffee allerdings kommt von weither, er wurde à la Greta Thunberg handgesegelt über den Atlantik. Dazu passt Naheliegendes wie Ute Frangens selbstgebackener Streuselkuchen. Sie kam gemeinsam 1987 mit ihrem Mann Stefan ins Dorf, um den Hof zu übernehmen. Ihre Tochter Anna-Maria heiratete den Michael. Alle ziehen an einem Strang und lassen sich über die Schulter schauen, denn der Ulmenhof gehört zu den etwa 240 Demonstrationsbetrieben Ökolandbau, die über Deutschland verteilt sind und auf Veranstaltungen über die Hintergründe dieser Arbeitsweise informieren.

Nur Friede, Freude und Eierkuchen herrschen für die vierbeinigen oder gefiederten Kreaturen in der Eifel natürlich nicht. Es gibt viele privat bejagte Reviere, durch deren Wälder im Herbst die Schüsse von Treibjagden schallen. Kenner essen das auf diese Weise erlegte Wild jedoch nicht ... viel zu viele Stresshormone im Fleisch, die den Geschmack arg in Mitleidenschaft ziehen. Nach langer, stiller Lauer von einsamen Hochsitzen geschossene Nahrung ist da deutlich angenehmer – für alle Beteiligten.

Pünktlich in den frühen Morgenstunden des 1. Mai werde ich jedes Jahr vom Knallen aus dem nahen Wald geweckt. Es geht jungen Rehböcken an den Kragen; sie dürfen dann bejagt werden, um den Wildbestand so im Zaum zu halten, dass junge Waldbäume noch eine Chance haben und nicht abgeknabbert werden. Denn auf den Wolf als natürlichen Regulator wartet man in der Eifel bislang vergeblich. Die vielen Rehe, die sich in unseren Breiten nur noch in der Dämmerung auf hochsitzgesäumte Wiesen trauen, halten sich ans sichere Waldbuffet und verzichten auf die gefährliche Grasmahlzeit. Es gibt nur ein großes, halb wildes Wolfsrudel – in einem riesigen eingezäunten Areal eines Tierparks unterhalb der Kasselburg bei Gerolstein. Es bezieht sein blutiges Futter unter den Augen des internationalen Publikums aus Schubkarren, dargereicht von ausgebildeten Pflegern. Ein wölfischer Freigeist mogelte sich vor Jahren durch die mehrfache Umzäunung und delektierte sich wochenlang am Nutzvieh ringsum. Es nahm kein gutes Ende mit ihm. Irgendwann allerdings rücken die ganz wilden Artgenossen, aus den Vogesen oder aus den belgischen Ardennen kommend, auch in der Eifel an. Der Eifelkreis

Bitburg-Prüm und der Vulkaneifelkreis sind ausgewiesene Präventionsgebiete der »Stiftung Natur und Umwelt Rheinland-Pfalz«. Es gibt prophylaktisch schon ein Wolfsmanagement, vorgesehen sind Hilfen für betroffene Schafhalter. Doch noch können potenzielle Rotkäppchen in der Eifel arglos Kuchen zur Oma tragen. Kein Märchen ist allein, dass Spaziergänger den pelzigen Gesellen mehr Angst einjagen als umgekehrt. Bislang gibt es zudem nur einzelne Sichtungen von Luchsen in der Eifel. Und die ebenfalls extrem scheuen Wildkatzen, die nicht nur im Nationalpark Eifel leben, erledigen höchstens das Kleinstvieh.

Der Mensch schlüpft in die Rolle der Raubtiere, die er selbst ausgerottet hat, um den Baumbabys eine Chance zum Großwerden zu lassen. Und so pirschen auch durch die Eifel echte Kerle in robustem Outfit und mit entschlossenem Blick. Manche von ihnen scheinen jedoch die Sache mit dem wilden Westen Deutschlands etwas zu wörtlich zu nehmen. Es passierte im Frühsommer auf dem Eifelsteig bei Manderscheid, ganz nah an einer ehemaligen Mühle, die wegen ihrer Kuchen und Forellengerichte am Wochenende von Hunderten Ausflüglern angesteuert wird. Hier führt der Wanderweg die Kleine Kyll entlang zu einer Brücke, die angeblich einen Wasserfall überspannt. Wasserfall ist tatsächlich maßlos übertrieben für ein paar Basaltblöcke, die den Weg des Flüsschens versperren und von ihm mit unendlicher Beharrlichkeit glattgeschliffen werden. Aber es rauscht sehr nett, und gleich nebendran gibt es eine kleine Sitzecke mit klobigem Holzmobiliar … ideal, um sich entspannt in die Lektüre eines heiteren Buches zu vertiefen, was ich tat.

Es störten mich nicht etwa wortreiche Wanderer, die mit ihren Nordic-Walking-Stöcken des Weges zogen. Es störte ein Schuss. Und dann, wenige Sekunden später, noch einer, deutlich näher. Was mich dann doch beunruhigte. Denn ich fand, dass Schüsse auf einem beliebten, gewundenen und von dichter Vegetation gesäumten Spazierpfad nichts zu suchen haben. Vor allem nicht sonntags zwischen Mittagessen und Kuchen. Vor allem nicht in der Schonzeit, die nicht nur für jagdbares Wild, sondern auch für ehrbares Fußvolk gelten sollte. Ich klappte mein Buch zu und suchte das Weite, denn ich muss gestehen: Ich habe Angst vor entsicherten Schusswaffen. Aber weit kam ich nicht, da schlenderten mir auf besagtem Eifelsteig zwei Mittvierziger in nagelneuer Jägerkluft entgegen. Die moosgrünen Hemden hatten schnurgerade Bügelfalten an den Ärmeln, die Stiefel sahen aus wie frisch von Zalando geliefert. Gebraucht waren offenbar die Flinten, die ein jeder von ihnen lässig über die Schulter gehängt trug. Ich bin normalerweise niemand, der andere belehrt, wenn sie falsch einparken. Aber das hier ging zu weit. »Sie können hier doch nicht schießen, das ist ein Wanderweg! Und sowieso ist Schonzeit!«, maulte ich die schmucken Jäger an, die der Aussprache nach zu urteilen nicht aus Kurpfalz, sondern aus dem Kohlenpott stammten. »Doch«, insistierten sie fröhlich grinsend, »de Jachtpächta sacht, dat is in Oadnung.« Und fort waren sie um die nächste Wegbiegung. Einen weiteren Schuss hörte ich immerhin nicht.

Gepachtet sind die Jagdreviere sehr oft von Wohlhabenden aus den umliegenden Ballungsräumen, aus Belgien oder aus den Niederlanden. Sie sind traditionell eng mit den Dörfern verbunden, in denen ihre Wochenendhäuser stehen. Und sie erlauben ihren Jagdgästen keinesfalls ausdrücklich, über die Stränge zu schlagen und auf Wanderer anzulegen. Der schrothaltigen Leidenschaft wird in aller Regel durchaus gesetzestreu gefrönt.

Ein Bonner Millionär namens Axe brachte seine Naturliebe aber noch ganz anders zum Ausdruck. Er kaufte am Rande des verträumten Fachwerk- und Kopfsteinpflasteridylls von Kronenburg ein Gehöft namens Hasenberghof und machte es zum Domizil seiner Stiftung. Er richtete ein Kunstkabinett mit Werken der Düsseldorfer Malerschule ein. Die meisten Gemälde zeigen eine tiefe Natursehnsucht des Menschen, der zusehends mit Dampfloks und Industrialisierung konfrontiert war. Zugleich gab Axe auf dem Hasenberghof Tieren ein Zuhause, in dem sie

ohne Angst und ohne Nutzwert als Lebenszweck
existieren können. Denn es ist ein Gnaden- und
Archehof. Ausgediente Pferde, Esel und Milchkühe
oder ehemalige Tierheiminsassen ohne Vermittlungs-
chance dürfen hier ihren Lebensabend verbringen,
bis sie eines natürlichen Todes sterben. Und auch

Züchtungen wie Bunte-Bentheimer-Schweine oder Glanrinder, die nicht den Marktbedingungen der modernen industriellen Landwirtschaft genügen, werden hier als stark gefährdete Arten erhalten. Ausgefeilte tierpädagogische Angebote bringen dieses Wissen vor allem Kindern nahe ... die Liebe zu den Mitgeschöpfen früh einpflanzen, das geht.

Man muss dafür keine Reichtümer angesammelt haben. Auch ganz normale Rentner schaffen das, wie Harald und Erika Strüning in Horperath bei Kelberg vormachen: Ihr kleiner Hof am Kisselsbach ist offiziell als Archehof gelistet. Die beiden leben besonders eng mit ihren Tieren, vor allem mit dem kecken Federvieh. Die Brutmaschine steht im Wohnbereich, sodass die frisch geschlüpften Küken als erstes einen Menschen erblicken. Die Faszination beruht auf Gegenseitigkeit: Nicht selten gucken Wwoofer gerührt zurück auf die piepsenden Flauschknäuel im Kasten. Wwoofer, das sind experimentierfreudige Menschen aus aller Welt, die auf Reisen biodynamisch arbeitende Höfe kennenlernen und gegen tätige Mithilfe eine kleine Zeit lang kostenlos wohnen. Ein großer Bauerngarten sorgt dafür, dass sich die Strünings und ihre Gäste mit frischem Gemüse und Kräutern ernähren können – vegan, versteht sich.

Trotz der rauen Mittelgebirgslage lieben Eifeler ihre Gärten. Klar, auch hier gibt es »Gärten des Grauens«, die ein Paradies allein für die Verkäufer von Schotter und Unkrautvernichter sind. Und peinlichst sauber gepflegte Rasenflächen, die wie mit der Nagelschere gestutzt wirken, sind auch hier und da zu bewundern. Der Kanon wuchtiger Motormäher, der schöne Samstage überdröhnt, ist auch in Eifeldörfern keine unbekannte Geräuschkulisse. Aber die bäuerliche Gartentradition ist noch lebendig: Es geht dann nicht um eine möglichst stylische Abstellfläche für das Freiluftmobiliar, sondern um die Zufriedenheit dank reicher Ernte. Zum Beispiel bei Hans-Jürgen Kesten aus einem kleinen Dorf bei Hillesheim. Der aus dem Ruhrgebiet stammende Agraringenieur öffnet seinen in geschlossener Kreislaufwirtschaft funktionierenden Garten in Dohm-Lammersdorf nach Vereinbarung für Interessierte. Was – neben einer entspannten Atmosphäre und sorgfältig aufbereiteten Infos – den Besuchern auffällt: »Ein unkrautfreier Nutzgarten macht nachdenklich!« heißt es auf einem Schild am Eingangstor. Ganz mein Ding, frohlockte ich bei diesem Anblick. Er ist Erleichterung für alle Nicht-Perfektionisten, die sich sonst mit dem Vorwurf der Faulheit konfrontiert sehen. Kesten ist lieber im Takt der Natur fleißig.

In einem Labyrinth kleiner und kleinster Beete, die nur er auseinanderhalten kann, duftet es würzig nach Erde, Blumen und Kräutern. An alten Sorten fasziniert ihn vor allem auch die Qualität: »Sie wurden unattraktiv und von den Saatgutfirmen aus dem Programm genommen. Geschmack und Aromastoffe waren über Jahrzehnte gar kein Züchtungsziel«, erläutert Kesten. »Es wurde nur Wert auf hohe Erträge, Aussehen, Transportfähigkeit und gute Haltbarkeit im Regal gelegt.« In seinem Garten gedeihen Pflanzen, deren Namen jahrzehntelang in Vergessenheit geraten waren und nun wieder nachgefragt werden: Mangold, Pastinaken, Stielmus oder Teltower Rübchen, auch selten gewordene Kartoffeln wie Rosa Tannenzapfen, Bamberger Hörnchen oder Odenwälder Blaue sorgen für Vielfalt jenseits des üblichen Angebots.

Für Annette Fehrholz, die quirlige junge Vorsitzende des Obst- und Gartenbauvereins Bengel e. V. in einem Eifeler Seitental der Mosel, haben alte Sorten nichts mit Nostalgie zu tun, sondern mit dem handfesten Interesse daran, gute Erträge zu sichern. »Wichtig dafür ist eine möglichst hohe Bandbreite an so genannten samenechten Sorten, die nicht neu auf den Bedarf der industriellen Landwirtschaft hin gezüchtet wurden. Sie können von den Gartenbesitzern selbst vermehrt werden, diese Pflanzen sind perfekt an die Veränderungen vor Ort angepasst.« Der Verein hat eine Saatgutbibliothek eingerichtet. Dort gibt es regional produziertes Saatgut für den Anbau und zum Aufessen. Eng arbeitet der Verein auch mit dem wenige Kilometer entfernten Vielfalts-Sortengarten auf dem Demeterhof Breit bei Wittlich zusammen, wo über 90 traditionelle und teils aus der hiesigen Region stammende Nutzpflanzen gedeihen, von der Zuckererbse Simon über Hunsrücker Stangenbohnen bis zu weißen Beten oder violetten Kartoffeln. Die sonnige und fruchtbare, einst von der Mosel durchflossene Wittlicher Senke bietet ideale Wachstumsbedingungen.

Im Dauner Stadtteil Neunkirchen lebt eine waschechte Kräuterhexe, stilecht in einem urigen Bauernhäuschen und mit Katze. An der hölzernen Haustür muss man einen altertümlichen Klingelknopf drehen, drinnen bimmelt dann ein helles Glöckchen aus der im Winter ofenwarmen Stube. Treppe und Flur sind geschmückt mit bemalten Fantasiewesen aus Waldfundstücken, Äste und Zweige werden zu Engelsflügeln oder Gnomgesichtern. Was das Märchenhexenbild einer hutzeligen Alten durchkreuzt, sind die mädchenhafte Ausstrahlung, blaue Augen, ein kastanienbrauner Wuschelkopf mit keckem Dreadlock-Zöpfchen, eine Vorliebe für freakig-bunte Kleidung und fürs Lachen. Trudi Osiewacz ist ein original Eifeler Gewächs aus Schönbach, trotz ihres so gar nicht nach Eifel klingenden Nachnamens. Und sie weiß, wo welche heilsamen Gewächse in der Vulkaneifel gedeihen oder wie sie zu Tinkturen, Tees und Salaten verarbeitet werden. Trudi ist ausgebildete Naturerlebnispädagogin und öffnet anderen die Augen für die Kräfte von Löwenzahn oder Brenn-

nesseln, Beinwell oder Johanniskraut, Spitzwege-
rich oder Huflattich – für all das, was einen eng-
lischen Rasen stört. Ein Nachmittag mit ihr, und
schwer erziehbare oder aufmerksamkeitsdefizitäre,
von ihren Smartphones untrennbare Kids erliegen
der Liebe zum Kraut genauso wie Betagte auf der
Suche nach einem Stück unverfälschter Vergangenheit. Mit denen und für die veranstaltet sie Erzähl-
nachmittage, dann wird auf Platt geschwätzt und
geklönt, die ältesten Dorfgeheimnisse kommen ans
Licht. Und gegen die Zipperlein gibt es Kräuterkraft.
Ich schwöre drauf, seit sie mir – zum Glück versehen
mit einer Gebrauchsanleitung auf Hochdeutsch – ein
winziges Gläschen mit einer honigfarbenen, öligen
Substanz mitgab. Alle Maläsen eines Arbeitslebens

am Schreibtisch werden mit Johanniskraut fortgesalbt, von überreizten Augenlidern bis zu wehen Handballen. Eifel wirkt und es ist gleichgültig, ob das Placebo, Zauberei oder Naturwissenschaft ist.

Der wohl berühmteste Naturliebhaber der Eifel ist Peter Wohlleben mit seiner Waldakademie in Wershofen unweit von Blankenheim. Mittlerweile kommt kaum eine Fernseh- oder Radiosendung über das Thema Wald ohne ihn aus, es gibt seine Erklärungen als Buch oder als Kinofilm. Und die Eifeler sind stolz, dass ausgerechnet ihre Wälder dafür die Initialzündung lieferten. Allerdings ist der hochgewachsene Typ mit der ruhigen Stimme nicht unbedingt bei jedem beliebt. Manch ein anderer Eifelförster stört sich am Berühmtheitsgrad des einstigen Revierleiters ... normalerweise pirschen sie leise durchs Gehölz und werden nicht von Kamerateams begleitet. Im Nationalpark Eifel ist die Natur überwiegend sich selbst überlassen, hier erklären Ranger die Entstehung eines Urwalds. Doch ein Forst ist etwas anderes, er wurde und wird nach menschlichen Gesichtspunkten bewirtschaftet. Etliche Forstämter der Eifel bieten selbst Exkursionen an, um das Wie und Warum zu erklären. »Förster sind keine Waldschützer, genauso wenig wie ein Metzger Tierschützer ist«, sagt Ex-Förster Wohlleben und bringt damit etliche dieses Berufsstandes gegen sich auf. »Sie sind vor allem Holzproduzenten. Die meisten von ihnen fühlen sich von unserem Ansatz eher auf den Schlips getreten.« Das Problem: Die öffentliche Hand ist größter Waldbesitzer mit einem wirtschaftlichen Interesse an der Nutzung von Holz, zugleich jedoch auch die einzige Kontrollinstanz … eine klassische Verquickung von Interessen.

An den Exkursionen und Seminaren der Waldakademie nehmen nicht nur interessierte Laien teil. Sondern auch Experten aus aller Welt, teils sogar aus Kanada, wollen von Wohlleben und seinem Team wissen, wie das ist mit dem Wald und der ganz anderen Sicht auf ein Ökosystem, in dem Pflanzen Freundschaften schließen und ein eigenes »Internet« aus Chemie und Düften haben. »Wir sind nicht dagegen, dass der Mensch den Wald nutzt, wir wollen nur, dass er in Teilen geschützt und anders genutzt wird.« Nicht an Festmeter denken, sondern an das Leben, das im Ökosystem Wald zu Hause ist – das ist das Leitmotiv. Und damit fahre man nicht einmal finanziell schlechter, im Gegenteil. Mit dem nahe gelegenen Ruheforst Hümmel, der auf Wohllebens Initiative zurückgeht, ist der Ort deutschlandweit bekannt geworden und bekommt Einnahmen, die er aus dem Holzverkauf nicht erzielen könnte.

Ein besonderes Projekt dient der Rettung alter Buchenwälder, wie sie typisch für die Eifel sind. Die bis zu 200 Jahre alten Bäume rund um Wershofen sollen dem ökonomischen Druck entgehen und nicht gefällt werden. Die Eifel war einst wie ganz Mitteleuropa fast vollständig von regenreichen Buchen- und Eichenwäldern bedeckt, an die sich die heimischen Tierarten evolutionär angepasst haben. Vögel wie der Mittelspecht brauchen für ihre Existenz Bäume, die mindestens 200 Jahre alt sind. Damit es zumindest eine Chance auf Überleben für sie und andere Spezies gibt, hat die Waldakademie ein »Urwaldprojekt« gestartet. Für wenige Euro wird ein Quadratmeter Buchenwald 50 Jahre lang geschützt und erhalten, für mehr Euro natürlich mehr. Die Wälder sollen übrigens für Menschen nicht gänzlich tabu sein, denn nur die Holzindustrie vertrage sich nicht mit dem Ökosystem, alles andere schon: »Wir haben eines der liberalsten Waldgesetze der Welt, aber viele Waldbesucher sind angesichts von Jagdpächtern unsicher, was sie dürfen und was nicht«, ermutigt Wohlleben zu mehr Neugier beim Waldspaziergang. Sogar laut dürfe man sein, denn Gesang oder Gezeter signalisieren dem Wild: Die sind mit sich selbst beschäftigt.

Ganz leise bewegt sich jemand durch die Eifelnatur. Ich habe mich sehr erschrocken, als ich ihn traf … auf einer Joggingrunde am Jungferweiher bei Ulmen. Mich lockte ein halb verstecktes Holzhüttchen weit draußen im Schilfgürtel an, von dem aus ich mir einen fantastischen Ausblick über das ruhig daliegende Gewässer versprach. Draußen gleißende

Sonne, drinnen ein schummriges Halbdunkel, unter den Bohlen sanft schwappendes Nass. Meine Augen mussten sich erst an den Kontrast gewöhnen. Und als ich zur Seite blickte, sah ich in einer Ecke der Hütte einen reglos verharrenden Mann, der sich konzentriert über eine wuchtige Pumpgun zu beugen schien. Langsam bewegte sich sein Finger … an den Abzug? Nein, an die Lippen … psst! Ich sah genauer hin und war erleichtert. Ah, keine Waffe, sondern eine Kamera mit einem Objektiv so groß wie ein Ofenrohr. So verharrten wir eine Weile und starrten parallel auf den See, auf dem Wasservögel winzige Bugwellen hinterließen. Kaum hörbar klickte es mehrmals, dann rappelte sich der Mann zur vollen Größe auf und stellte sich vor: Mathias Ackerknecht aus Mayen, seines Zeichens Naturfotograf für Eifel-Wildlife.

»Nein, Sie haben mich nicht gestört«, zerstreute er meine Sorge. Oft sei er am Jungferweiher und habe schon unzählige Aufnahmen von den Zugvögeln, die hier Rast machen. Sein Fotoprojekt umfasst Hunderte Fotos und bringt einem das Staunen bei: All diese schönen Kreaturen leben im wilden Westen Deutschlands in Freiheit? Ein röhrender Brunfthirsch auf einer Lichtung, ein majestätischer Schwarzstorch im Anflug, eine kulleräugige Haselmaus auf einem Ast balancierend, ein filigraner Bläuling-Schmetterling am Grashalm, eine lauernde Wildkatze in der Wiese … »Wenn ich endlich auch ein Haselhuhn vor die Kamera bekomme, mache ich ein Buch daraus«, meint Ackerknecht. Noch ist es nicht so weit, noch hat er nur die Spuren des extrem seltenen Vogels entdeckt.

Da habe ich es mit meinen tierischen Nachbarn leichter. Im Giebel meines Hauses wohnt ein Turmfalke auf dem Firstbalken. Die Hinterlassenschaften seiner reichen Mahlzeiten, die er sich aus Feld und Flur holt, düngen die Hecke. Beim Anflug guckt mir der Falke durchs Fenster auf den Schreibtisch und wir grüßen einander wortlos. Ein Marder hat es sich in meiner Scheune gemütlich gemacht und findet offenbar Eier lecker, welche die Hühner meiner Nachbarin legen. Die Schalenreste darf ich einsammeln und zum Biomüll geben. Der Marder hockt nach jedem Silvesterfeuerwerk im Vogelhäuschen, knuspert und schaut mich an, als wollte er mir sagen »nun stör du mich nicht auch noch!«. Zur herbstlichen Treibjagd rund ums Dorf äst Rehwild in meinem Garten dort, wo ich mal Rasen säte und stattdessen eine eifeltypische Kräuter- und Mooswiese bekam. In meinem Garten schießt niemand, das scheint sich herumgesprochen zu haben. Und in trockenen Sommermonaten kommt der Fuchs, bedient sich an den Vogeltränken und schlemmt vom riesigen Kirschbaum reifes Obst, das die Starenschwärme übrig und zu Boden fallen lassen. Dünnpfiff haben sie hinterher offenbar alle. Gut, dass es sowieso nie ein Rasen wurde, es wäre schade drum gewesen.

Von wegen Blasmusik und Bastelkurse – Musenkuss der Extraklasse

Die Eifel als Naturparadies ... das liegt auf der Hand, das lässt man gelten. Aber Feuilletonisten rümpfen über die Gegend in der Regel nur die Nase. Kultur jenseits besagter Mordlust zwischen Buchdeckeln scheint unbekannt. Was soll das sein? Kirchenchor an Kuhfladen, Blasmusik beim Bauernball, Vasentöpferkurse der Volkshochschule? Das unwiderlegbare Argument der passionierten Eifeler, denen vorgeworfen wird, bei ihnen sei doch »nichts los«: Innerhalb rund einer Stunde Fahrtzeit hat man aus den tiefsten Tiefen der Wälder die Qual der Wahl zwischen mindestens drei exorbitanten Musiksälen, den Philharmonien in Köln und Luxemburg sowie der – derzeit in der Dauersanierung befindlichen – Beethovenhalle in Bonn. Schneller da sind oft nicht einmal die Metropolenbewohner. Gleiches gilt für hochkarätige Kunstmuseen oder Sportstätten. Doch es hilft ja nichts, Luxemburg oder Köln sind nun mal nicht

Eifel. Ist also doch was dran am Image, dass die Eifel ein Hort der Kulturbanausen sei?

Elton John ahnt vermutlich, dass die Eifel ganz andere Seiten aufzieht. Seine extravaganten Brillen nämlich kommen von hier, aus Nitz in der Vulkaneifel und aus einer Manufaktur namens Natural Eyewear, die das Horn verstorbener indischer Wasserbüffel zu echtem Kunsthandwerk verwandelt. Schade nur, dass der geadelte britische Weltstar noch nie ein Konzert in Nitz gegeben hat. Vermutlich liegt es daran, dass der Ort zu Füßen des Nürburgrings nur etwas mehr als 30 Einwohner zählt und höchstens eine Scheune als Location zu bieten hätte.

Jenseits der musikalischen Mega-Events wie »Rock am Ring«, mit denen der Nürburgring Zehntausende Rockfans in die Eifel zieht, braucht man tatsächlich etwas detektivisches Gespür, um zu erfahren, wo eben doch was los ist. Dass sich Musiker wie Thomas D. von den Fantastischen Vier oder Wolfgang Niedecken von BAP zeitweise in Eifelrefugien zurückziehen, ist zwar bekannt, bleibt jedoch ohne Publikum. Fast. Niedeckens Tradition war es jahrelang, auf einer kleinen Bühne in Kronenburg neue Songs zu testen. Als Experimentierfeld und Probenraum dient auch eine ehemalige Dorfschule in Nohn, neben Friedhof und Kirche. Niemand, der den nüchternen 60er-Jahre-Bau von außen betrachtet, käme auf die Idee, dass in seinen Mauern die Fantasie geradezu wuchert. Alexander Schmid, der Hausherr, nennt sich und sein Etablissement »Faberludens«, der spielende Schmied.

Sein Spieltrieb ist ansteckend, man kann ihn gleich im Foyer und in den Gängen vor den einstigen Klassenzimmern ausprobieren. Da stehen Installationen und Maschinchen, an filigranen Stäben schwebende Körperteile mit Kurbeln. Ich habe mal an welchen gedreht. Ein nettes Erfolgserlebnis: Da kriegt ein Kopf eine Ohrfeige verpasst, eine wuchtige Pranke grüßt huldvoll oder rosige, mit Federboa behangene Beinchen tanzen Cancan. Das Ganze hat Suchtpotenzial, beinahe hätte ich mich ins Kurbeldrehen und Grinsen verloren. »Kommunikationsmodelle« nennt Schmid seine ironischen Schöpfungen. Ihn, den schwäbischen Absolventen der Kölner Fachhochschule für Kunst und Design, trieb die Sehnsucht nach Freiraum und Ruhe in die Eifel. »Hier habe ich eine viel höhere Lebensqualität als in Köln, mehr Platz und es geht entspannter zu«, meint er. Viel Rummel um sich herum braucht er nicht. Er habe doch die ganze Welt im Inneren. Und allein mit seiner Kunst ist er nicht. Genauso gern wie seine eigenen Sachen stellt er auch die Werke anderer Querdenker aus.

Außerdem: So fürchterlich still ist es bei Faberludens nicht. Wenn schon Blasmusik, dann richtig. Nach Nohn kommen Leute wie das Bass-Saxophon-Quartett Deep Schrott. Oder andere Profimusiker, die Dada, Jazz oder experimentelles Crossover aus verschiedenen Stilen und Kulturen auf die improvisierte Nicht-Bühne im ehemaligen Schulfoyer bringen. »Die mögen es, bei mir einen ganz direkten und ungezwungenen Kontakt zum Publikum zu haben«, erzählt Schmid. Einen Kartenvorverkauf gibt es nicht, die Zahlung des Eintrittsgeldes ist Vertrauenssache, denn es wird einfach in eine Box geworfen.

Eifeler sind entgegen anderslautender Vorurteile regelrecht verrückt nach Musik und schrecken keineswegs davor zurück, selbst die ehrwürdigsten Orte damit zu füllen. Nicht einmal die mutmaßliche Geburtsstätte von Karl dem Großen ist davor gefeit. Auf der mittelalterlichen Bertradaburg in Mürlenbach bedeutet Blasmusik weder brave noch experimentelle Töne. Im August steigt hier open air das »Eifel-Brassfestival«. Es geht zur Sache mit Folklore aus allen Ländern und Landstrichen, die für mitreißendes Blech berühmt sind. Vermutlich würde der große Kaiser auch in seiner Karolingerstadt beim Prümer Sommer inkognito und fröhlich Party machen, atemlos durch die Nacht bei der Helene-Fischer-Tribute-Show oder zu Reggae von »Marley's Ghost«. Monschau-Klassik bringt gleichfalls musikalisches Leben in die historische Frei-

luftbude. Der Burghof der bilderbuchmäßigen Senf-
und Printenstadt wird zur Kulisse für Oper, Rock,
Singer-Songwriter oder Kinderlieder frei nach dem
Motto »Zauberflöte meets Suzi Quatro«. Für mich
war die Monschauer Zauberflöte in mehrfacher Hinsicht ein unvergessliches Erlebnis. Zum einen dank
des Kuscheleffektes, da sich das Publikum in acht
Grad warmer Sommernacht nicht nur an der Kultur, sondern aneinander erwärmte. Zum anderen war
das Bühnenbild und die Kostümierung offenkundig
eine echte Herausforderung für die Darbietenden.
Irgendwann musste der böse Drache natürlich die
enge Bühne verlassen, doch das aus mehreren Statis-
ten bestehende Ungetüm kollidierte im Rückwärts-
gang immer wieder mit der Burgmauer. Bis plötzlich das Kopfteil des bunten Tiers gelupft wurde,
der Mensch darunter nach hinten blickte und seinen Mitspielern Anweisung gab, wo man den Aus-
gang finden konnte. Den Monschauern hat's gefallen, mir auch.

Derlei Improvisationen geben erst recht die Würze,
die Eifeler sind da unerschrocken und pfeifen auf Stil-
treue. Auf der Seebühne im Gemündener Maar bei
Daun tummeln sich »Brings« oder »Die drei Tenöre«,
während es sich Hunderte Zuhörer auf der Liege-
wiese des Maarbades gemütlich machen und ihren
Wein trinken. Die ortsansässigen Enten halten derweil den Schnabel, vor allem, wenn Giora Feidmans

Klarinette erklingt. Er sagt immer, das Gemündener Maar sei einer seiner Lieblingsorte für Auftritte.

Eine Liebeserklärung an die Eifel ist jedes Lied, das
Sylvia Nels im Repertoire hat. Jedenfalls fast jedes
Lied. Sie hat einen Rap mit dem Titel »Eifelkinder«
im Programm, in dem sie die immer noch allgegen-
wärtigen Funklöcher satirisch aufs Korn nimmt. In
einer Ballade »Eifelgefühl« hingegen kommt die
störrische, manchmal komplizierte Liebesbezie-
hung zwischen Land und Leuten voll zur Geltung.
»Die Eifel muss man aus ihrer zerrissenen Geschichte
her verstehen. Umso wichtiger ist den Menschen ihr
Zusammenhalt – und das Vertrauen dafür wächst
nicht schnell, sondern behutsam.« Sylvia Nels muss
es wissen, sie ist Eifeler Urgestein, wohnt in einem
Dorf im Bitburger Gutland, in dem sie aufwuchs. Sie
kommt aus einer kinderreichen, aber nicht materiell
reichen Familie, der die Musik im Blut lag. »Es waren
fahrende Handwerker, die alle musikalisches Talent
und gute Stimmen hatten, aber keine entsprechende
Ausbildung.« Kappensitzungen zu Karneval waren
der Auftakt der Karriere, später studierte sie Musik
und machte einen Beruf daraus.

Nach wie vor tourt sie durch die Region, aber
längst sind ihre Songs auch im Streaming zu hören.
Sie gilt als die Mundartsängerin des Moselfränki-
schen, die das Lebensgefühl der Landschaft auf den
Punkt bringt: Bulldog fahren, im Wald spazieren

gehen, Kühen beim Wiederkäuen zuschauen … solche Sachen.

Wobei die Milchlieferantinnen der Eifel auch ganz andere Töne kennen als unplugged Gitarre und Gesang. In der Nähe einer Brücke, mit welcher sich die südliche Sackgasse der A 1 über das Flüsschen Lieser schwingt, ist im Dauner Stadtteil Rengen im Millenniumsjahr 2000 nämlich das Dorffest etwas aus dem Ruder gelaufen – vielmehr, es lief gar nicht. Seitdem stellt sich im Sommer alles auf DDR ein. Die drei Buchstaben meinen keine nostalgische Piefigkeit, sondern bedeuten »Der Detze rockt«. Detze, so heißt bei den Rengenern der Detzenberg, ihr Haushügel nebenan, auf dem sich auch der Sportplatz befindet.

Keine Manpower für das traditionelle Vereinsfest mit Blasmusik und Männergesang? »Wir sind aber Geselligkeit gewöhnt«, erzählt der Rengener David Haas vom trotzigen Beharrungsvermögen der Dorfjugend, »und da einer von uns selbst in einer Heavy-Metal-Band spielte, war klar, wohin die Reise geht.« Das DDR-Festival für die Musikfans, die es ganz hart mögen, gibt es nun jährlich. Fünfzig Mitglieder zählt der Detzerocktverein, doch viel mehr machen mit, richten das Festivalgelände her, schieben Dienst an den Getränkeständen, kümmern sich backstage um die Musiker und räumen hinterher auf. »Es ist nach wie vor ein echtes Dorffest, nur dass mittlerweile knapp 1.000 Leute pro Festivaltag kommen, teils von weit her«, meint Mitinitiator David Haas. Die Metal-Fans – von ihren Gastgebern stylisch deutlich unterscheidbar – reisen aus ganz Deutschland, aus Skandinavien und Benelux, Israel oder sogar Argentinien an. »Einer trampte barfuß aus dem Osten Thüringens her, so was rührt einen.« Man kennt sich. »Der älteste Fan ist um die achtzig, Jüngere bringen auch ihre Kinder mit ... die tragen vor der Bühne Gehörschutz, versteht sich.«

Auch die Bands schätzen ihren Auftritt in der Eifel. »Viel Geld können wir ihnen nicht bieten, aber sie finden es toll hier.« Neben manchen Bandgrößen, die bereits mit Szene-Stars wie Metallica auftraten, gibt DDR auch Newcomern eine Chance. Anfangs kamen die Neulinge vor allem aus der Region, doch mittlerweile muss ein Bandkomitee anhand von Videos auswählen, wer auftreten darf. Nur eines soll nie geschehen, beteuern die Rengener: »Wir wollen nie so groß wie Wacken werden!«

Einer der Großen werden ist hingegen der schon zum Greifen nahe Traum eines Teenagers aus Manderscheid: Enrico Noel Czmorek, geboren 2003 in Budapest. Seine Eltern gaben ihm eine Riesenportion Talent mit auf den Lebensweg, sie touren mit professionell interpretiertem Jazz und Swing durch kleine Locations. Schon im Bauch seiner Mutter hörte Enrico die virtuosen Stücke von Chick Corea oder Michel Petrucciani. Auch Urgroßvater Georg

Arányi-Aschner, ein international anerkannter Komponist, muss als gute Fee an der Wiege reichlich Segen gegeben haben. Denn der Gymnasiast, der sich in Daun auf das Abi vorbereitet, spielt in einer besonderen Liga ... er gilt als einer der besten Nachwuchspianisten in Deutschland, eroberte mehrfach den Spitzenplatz bei »Jugend musiziert«.

Mit zwei Jahren setzte sich der Junge ans Klavier und war seitdem nicht mehr vom Instrument wegzukriegen. Logisch irgendwie, dass er an einer Meisterklasse von Lang Lang in Barcelona teilnehmen konnte. Wenn man jetzt zum Beispiel auf einer Kunstausstellungsvernissage in einem der regionalen Eifeler Kreditinstitute landet, kann es passieren, dass der musikalische Rahmen von einem zart wirkenden, ganz jungen Mann mit blonden Locken dargeboten wird. Man ahnt: Der wird später einmal in Mailand oder New York bewundert. Und während viele seiner Altersgenossen mit Knopf im Ohr, aus dem Rap hämmert, durch die Eifelnatur schlurfen, bringt Enrico Noel Czmorek ganz cool Sätze wie diesen: »Ich analysiere sehr gern Orchesterstücke, aber bei Werken wie Mahlers zweiter Sinfonie muss man durchaus eine Kaffeepause einlegen.« In Sachen Freizeit ist er ebenso eine Rarität: Als Ausgleich zum täglichen Komponieren und Musizieren beschäftigt er sich mit Botanik, Flugwissenschaften und Astronomie.

Punktgenauer hätte Enrico Noel Czmorek dafür nicht landen können als in der Eifel zwischen Daun und Manderscheid. Auf dem Kraterrand des Schalkenmehrener Maares, vis-à-vis vom Segelflugplatz Senheld, will seit Jahr und Tag eine Gruppe von Kreativen aus einer einstigen Sternwarte, die von der Universität Bonn genutzt wurde, einen Begegnungsort für Musiker, bildende Künstler, Literaten und Kunsthandwerker machen. Ein Verein SternwARTe Vulkaneifel e. V. wurde gegründet. Das Areal inspirierte Architekturstudierende der Uni Mainz zu spektakulären Entwürfen mit gläsernen Verbindungsgängen zwischen den einzelnen Gebäudetrakten und mit einem Observatorium, dessen akustisch perfekter Kuppelsaal zum Konzertsaal wird. Vom Hohen List – so der Name der Erhebung – aus kann man sich nicht nur nachts in die Weiten der Galaxien verlieren. Der ganz irdische Blick über zahllose Hügel und Vulkankegel, über das Moseltal hinweg bis zum Hunsrück, ist einer der schönsten in der gesamten Eifel. Aber der Pioniergeist der Kulturliebhaber, aus einem nicht mehr benötigten Observatorium ein Zentrum für Künstler und ihr Publikum zu machen, stieß jahrelang auf bürokratische Hindernisse. Im Beziehungsgeflecht von Universität, nordrhein-westfälischer Liegenschaftsbehörde und interessierten Investoren hakte es am Detail, sodass die Kunststernwarte bislang nur zu sporadischen

Events zeigen konnte, was in ihr steckt. Das wird sich wohl bald ändern, wenn die Besitzverhältnisse so sind, dass Kultur freie Bahn erhält. Vorher wird mehr Handwerk als Kunst gefragt sein. Die Kulturschaffenden wollen die Sternwarte mit möglichst viel Eigenleistung zu einem Areal mit Ateliers und Locations machen. Das geeignete Outfit für Kunst ist der Eifel oft nicht das kleine Schwarze beim Sektempfang, sondern die Arbeitshose, in der Hammer, Nägel und Zange Platz haben.

Man könnte glauben, dass es Kunst in einer so ländlichen Gegend wie der Eifel gar nicht genug geben kann und dass alle, die sie betreiben, nur offene Türen einrennen. Aber auch hier leben sie nicht von zarten Fantasien allein, sondern sie brauchen Ellenbogen. Die bewies der Prümer Querdenker Josef Zierden, der jahrzehntelang das Eifel Literaturfestival organisierte. Ohne ihn wären Nobelpreisträger wie Günter Grass und Herta Müller sicher kaum in die Kleinstädte der Eifel gekommen, ebenso wenig Stars wie Harry Rowohlt, Ralph Giordano, Martin Suter, Pater Anselm Grün oder Simon Beckett. Die Liste der Schriftsteller, die sich in die Eifel trauten, liest sich wie ein Who?s who der internationalen Belletristik und populären Sachliteratur. Das Ganze begann 1994 familiär mit Krimi-Autor Jacques Berndorf in der Schalterhalle der Kreissparkasse in Prüm. Und es endet voraussichtlich in 2020 mit einer letzten Lesung von Thriller-Autor Sebastian Fitzek. Denn der ehemalige Lehrer Zierden hielt sein Festival-»Baby« beinahe als Einzelkämpfer aufrecht – auf Dauer kostet das zu viel Lebensenergie.

Tot stellt sich manchmal Rainer Laupichler. Oder er spielt einen sperrigen und drögen Polizeibehördenleiter, der Serienkommissare auf Mördersuche eher drangsaliert als unterstützt. Im wirklichen Leben ist der Schauspieler aus Manderscheid ein Mensch, der gern lacht und einen Hang zur Selbstironie pflegt. Das letzte Mal, als ich ihm begegnete, lieferten wir uns beim Eierkauf im Dauner Bauernlädchen einen hitzigen Schlagabtausch, wer von uns den Vortritt hat: »Sie sind dran!« – »Nein, Sie!« – »Was, ich?« – »Na gut, dann eben ich.« – »Nein, doch ich, ich hab's eilig.« – »Ich auch!« Bis wir das geklärt hatten, konnten die Damen hinter der Frischetheke seelenruhig andere Kunden bedienen. Die realsatirischen Seiten des Alltags haben es Laupichler angetan. Die von ihm erfundenen Eifel-Kulturtage bringen vor allem Kabarett und Kleinkunst in die Dorfsäle. Konrad Beikircher zum Beispiel, der eloquente wuschelköpfige Kölner, ist dann in einem Dörfchen namens Minderlittgen zu sehen oder der Bayer Alfred Mittermeier in einem Ort, der tatsächlich Strotzbüsch heißt.

So ein Bürgerhaus, in dem sonst Altennachmittage mit Siebenschräm – einem für Nichteifeler vollkommen unverständlichen Kartenspiel – stattfinden, hat natürlich nicht die Bretter, die die Welt bedeuten. Sondern eine improvisierte Bühne auf Augenhöhe mit den Zuschauern, wobei die Schweißtropfen der Darbietung unter (so hofft man jedenfalls) ordentlich festgezurrten Scheinwerfern schon mal die ersten Reihen treffen. Für besonders begeisternde Auftritte hat Laupichler einen Preis erfunden – die Goldene Berta. Die strikt aufrechte Körperhaltung des rosigen Schweinchens, das sich dahinter verbirgt, erinnert an den Hollywood-Oscar. Doch warum umklammert das Tier eine überdimensionale Möhre? Angeblich soll der Preis an eine Legende aus der nahen Stadt Wittlich erinnern. Die nennt sich auch Säubrennerstadt, weil ihre mittelalterlichen Einwohner ihr Stadttor vor dem Ansturm der Feinde nur noch mittels einer ins Schloss geklemmten Möhre verschließen konnten. Leider verspeiste eine Sau das Gemüse, seitdem verspeisen die Wittlicher aus Rache alljährlich zur Kirmes etliche gegrillte Säue. Ist vermutlich so nicht wahr. Ist aber auch gleichgültig, denn so oder so nahmen Stars wie Katharina Thalbach, Gerhard Polt & Biermösl Blosn oder Mathias Richling die Goldene Berta gern an.

Pioniergeist im deutschen wilden Westen bewies auch Albrecht Klauer-Simonis, ein 2002 verstorbener Bildhauer, Fotograf und Kunstpädagoge, der sich in München, am Weimarer Bauhaus, in Berlin-Weißensee und auf der Darmstädter Mathildenhöhe mit den verschiedenen Kunstsparten vertraut gemacht hatte. Klauer-Simonis war einst Mitglied der in einer Mühlsteinhöhle auf dem Nerother Kopf – einem Vulkankegel zwischen Daun und Gerolstein – gegründeten Jungenorganisation Nerother Wandervogel. Er suchte ein ideales Refugium für seine künstlerische Arbeit und fand es in Weißenseifen. Dort hatten der Bildhauer Günther Mancke mit seiner Ehefrau und die Malerin Antonia Berning wenige Jahre nach dem Zweiten Weltkrieg eine spirituell orientierte kleine Künstlergruppe gegründet. Mit dem Neuzugang entstand eine regelrechte Künstlerkolonie, die bis heute Symposien anbietet oder Ausstellungen veranstaltet.

Weißenseifen ist tatsächlich jeglicher Hektik komplett entrückt. Es liegt irgendwo im Nirgendwo: an der Grenze zwischen Eifelkreis und Vulkaneifelkreis, auf einer Lichtung zwischen Mürlenbach, Wallersheim und Herforst. Ringsum kilometerweit nichts als Wald, nur das übliche grüne Ortsgemeindeschild verkündet auf einer gewundenen einspurigen Straße, dass von ihr aus ein Stichweg zu Häusern führt. Viel abgelegener kann in Deutschland eine Siedlung nicht sein. Dennoch steht der Name Weißenseifen in Eifel und Ardennen für eine Art Kraftort der Kunst. Mittlerweile hält ihn die schleswig-holsteinische Bildhauerin Christiane Hamann, Witwe von Klauer-Simonis, gemeinsam mit anderen lebendig.

Die Künstler wohnen in Weißenseifen in einer Dorfgemeinschaft verstreut über kleine, anthroposophisch geformte Häuser. Sie und ihre Gäste, die als Teilnehmer der Symposien kommen, arbeiten mit allem, was sich gestalten lässt: Holz, Metall, Papier, Stoff … und immer wieder gern mit Buntsandstein, dem Felsen, aus dem weite Teile der Südeifel geschaffen sind. Wer sich Weißenseifen nähert, der wird in einem frei zugänglichen Park von Skulpturen aus diesem warm getönten, von großen Poren überzogenen Material begrüßt. Manche von ihnen sind leicht bemoost, ein Farbenspiel aus Rot und Grün. Vor dem geistigen Auge entstehen Bilder von Stonehenge, von keltischen Heiligtümern, von indianischen Totems, wieder anderes verrät ganz moderne Konturen und Fantasien. Manchmal wehen Töne klangkünstlerischer Installationen durch das von uralten Bäumen bestandene Gelände. Wer als Besucher kommt, bewegt sich frei, und niemandem muss man erklären, warum man da ist. Es gibt Stunden und Tage, da ist jeder Weißenseifener vertieft in die eigene Kreativität und nimmt gar nicht wahr, ob jemand durch die Siedlung stromert. Bisweilen jedoch gibt es eine Begegnung, einen freundlichen Gruß im Vorbeigehen. Es ist jedes Mal ein eigenartiges Gefühl: Ich bin für mich, aber nicht fremd. Ich könnte dieses und jenes fragen, Gelegenheit zum Gespräch ist da, aber Smalltalk muss nicht sein. Es ist okay, auch seelenruhig weiterzugehen und zu schauen. Der gelassenen, beinahe meditativen Atmosphäre kann sich niemand entziehen. Im Advent ist es allerdings deutlich anders: Zum Weihnachtsmarkt wuseln Hunderte Menschen auf den Wegen unter den Baumriesen und zwischen den Häusern, Kinder laufen herum oder basteln irgendwas, überall ist Musik, an Ständen gibt es Kunsthandwerk und Süßes. Die parkenden Autos stehen bis weit auf die kleine Landstraße.

Viele Menschen, die über Kunst nicht nur reden oder sie anschauen, sondern sie machen, haben sich in der Eifel ihr Versteck geschaffen. Und sie lassen es zu, dass sie in ihren Ateliers oder in ihren zur Werkstatt umfunktionierten Scheunen aufgescheucht werden von Besuchern, die sich höflichkeitshalber vorher angemeldet haben. So gesehen braucht die Eifel kein Kunstmuseum, sie ist eines. Manchmal lauert Kunst in den seltsamsten Ecken und man wird auf wahrlich göttlichen Umwegen mit der Nase drauf gestoßen.

Es war ein Interview mit einem der letzten Wanderschäfer der Eifel, der seine Herde durch das abgelegene Ourtal im Grenzgebiet von Deutschland, Luxemburg und Belgien treibt. Er schilderte mir Weh und Wonnen seines Berufes ... im Einklang mit der Natur leben und das Gefühl haben, etwas Sinnvolles zu tun. Einerseits. Wolle und Fleisch für sehr wenig Geld verkaufen zu müssen, hohe Tierarztkosten haben, dank der zunehmenden Vermaisung viel zu wenig Weideflächen finden andererseits. Nachdenklich fuhr ich heim oder vielmehr gedachte ich, heimzufahren. Mein Handy meldete bisweilen einem einsamen Empfangsbalken, der einem luxemburgischen Telefondienstleister zugeordnet wurde, ansonsten »kein Netz«. Mein Navi sagte mir, ich sei offroad. In einem Bach stand eine Kuh in den munter plätschernden, allenfalls knöcheltiefen Fluten und glotzte … ihr Hinterteil mit dem fliegenscheuchenden Schwanz in Deutschland, das wiederkäuende Maul in Belgien, wenn mich die Orientierung nicht trog. Es war still. Sehr still, bis auf das Vogelgezwitscher des heißen Frühsommertages. Dann kam die Baustelle, wie aus dem Nichts. Die schmale Straße endete abrupt vor rot-weißer Absperrung mit orangenem Warnlicht und dem Hinweis, dass die Ortsdurchfahrt Welchenhausen nicht möglich sei. Umleitung Fehlanzeige.

Was tun? Mich zur Kuh gesellen und eine Furt durch die Our suchen, um über das Ausland nach Hause zu finden? Wenden und eine lange Reise in die falsche Himmelsrichtung in Kauf nehmen? Oder ab in steile Waldwege in der Hoffnung, dort mit dem Auto nicht in kniehohen Spurrinnen stecken zu bleiben, die vermutlich zuletzt von Ben Hur und römischen Triumphwagen gemeistert worden waren?

Ich tat das, was man in der Eifel oft tut: ein Stoßgebet losschicken und die Absperrung umrunden.

Denn nicht selten stellt sich heraus, dass die jeweilige Straßenbaufirma lediglich vergessen hat, sie auch mal wieder abzumontieren. Es kann einem ja viel dazwischenkommen, Mittagspause, Wochenende oder sonst etwas. Und dann vergisst man das rot-weiße Zeug, das Einheimische mit Ortskenntnis von Schleichwegen in der Regel sowieso nie so ganz ernst nehmen.

Doch ich strandete tatsächlich vor einem klaffenden Loch in der Straße. Zwischen ihm und schätzungsweise drei Handvoll adretter Einfamilienhäuser, welche das gesamte Welchenhausen ausmachen, gestattete eine schmale Schotterpiste höchstens Fußgängern ein Durchkommen. Auf der anderen Straßenseite dasselbe. Offenbar hatte man sogar die Bushaltestelle vom Rest der Welt abgenabelt. Irgendwie sah das Wartehäuschen merkwürdig aus, proper weiß gekalkt, wie oft in den Dörfern, aber ein dicker Orientteppich verhängte die Öffnung zum Inneren. Wie sollte so ein Busfahrer sehen, ob jemand dort sitzt und mitfahren will, sodass er anhalten muss? Und überhaupt: Was steht da auf dem weißen Putz: »Museum in der Wartehalle«? Dass die Busverbindungen in der Eifel museal erscheinen mögen, war mir längst klar, aber neu war mir, dass man dies so lauthals verkündet. Ich kam sowieso nicht weiter, ich stieg neugierig geworden aus und stolperte über den Schotter hinein.

Drinnen empfing mich wohltuende Kühle … und noch etwas ganz anderes. Ich traute meinen Augen kaum. Die Wände waren mit abstrakten Gemälden behängt, dezente erdige Farbenspiele und in vielfacher Lasur übermalte Fotografien, die an die Felsformationen draußen im Wald oder an knorrige Baumstümpfe erinnerten. Zwischendrin kleine Skulpturen aus Holz und Metall, in denen sich ebenfalls das Naturmotiv widerspiegelte. Auf einem Pult lag ein Gästebuch, ich blätterte darin herum: viele Einträge, auch von Menschen aus den Niederlanden, aus Belgien, aus anderen deutschen Landschaften, aus Luxemburg … Ganz so im Nirvana, wie es mein erster Eindruck war, mochte dieses seltsame Bushäuschen dann doch nicht sein. Und es gab in einer Nische Visitenkarten der Künstler, die gerade ausstellten, sowie ein Flyer, der mich aufklärte, wo mich der Zufall hingeführt hatte: ins kleinste Museum der Welt.

Die Geschichte dieses rekordreifen Kunstgenusses begann 2002, als nur noch ein einziges Schulkind das neue Wartehäuschen des 35-Seelen-Dorfes nutzte. Viel zu schade, um das Gemäuer sinnlos Wind und Wetter auszusetzen. Kunst soll an die Wände, beschloss ein Lehrer, der gegenüber wohnt, und überzeugte seine Mitbewohner im Dorf, dass dies eine gute Idee sei. Und offenbar zogen so gut wie alle mit, es wurde eine Lichtanlage installiert und anderes mehr. Ein Museumsverein wurde gegründet, aus dessen Reihen bis heute Freiwillige rekrutiert werden, wenn zu Vernissagen Kaffee her soll oder wenn Kunstwerke zu transportieren sind.

Ich erfuhr, dass nicht allein Eifeler Kunstschaffende hier die unorthodoxe Möglichkeit nutzen, ihre Gemälde, Fotografien, Zeichnungen oder Skulpturen auszustellen. Vielmehr kommen sie aus der ganzen deutsch-belgisch-luxemburgischen Großregion, aus Frankreich und den Niederlanden, aus den USA oder der Ukraine. Und ich erfuhr, dass die kleine Wartehalle zur Keimzelle wurde von viel mehr. Sie ist ein Teil grenzüberschreitender Projekte eines künstlerisch vereinten Europas. Sie ist längst eine von mehreren Stationen der »KultOurtal-Straße« unter anderem mit Skulpturen und mit Bildhauersymposien. Und sie inspirierte andere Dörfer: Im benachbarten Stupbach wurde das ehemalige Spritzenhäuschen ebenfalls zum 365-Tage-Minimuseum umfunktioniert.

Kultur heißt in der Eifel immer auch, über den heimischen Tellerrand weit hinauszuschauen und nicht nur daran zu denken, was am vertrauten Kirchturm los ist. Eine Meisterin dieser Disziplin ist Marie-Luise Niewodniczanska, mittlerweile eine alte Dame von über achtzig Jahren und in ihrer Heimat nur »die Niewo« genannt, weil der Name ihres verstorbenen, aus Polen stammenden Ehemannes für viele ein Zungenbrecher ist. Die hochgewachsene und schlanke Frau – Spross des Bitburger Brauereiclans Simon – wirkt manchmal etwas verwirrt und verwirrend, denn sie sprudelt über vor Begeisterung für Dinge, die sie gern vermittelt. Ihre Familie sorgte dafür, dass es mit dem Haus Beda in Bitburg einen Ort gibt, an dem außer einer Dauerausstellung mit Landschaftsgemälden von Fritz von Wille auch wechselnde zeitgenössische Kunst zu bewundern ist. Die Palette ist extrem breit gefächert ... mal gibt es Zeichnungen von Otto Waalkes, mal so genannte Photopicturen von Marc Lüders, mal Plastiken von Erwin Wortelkamp. Es ist so gut wie unmöglich, »die Niewo« ruhig und professionell lächelnd aufs Bild zu bannen. In fast allen Fotodatenbanken der Eifeler Zeitungen sind nur Schnappschüsse von ihr vorhanden, wie sie lacht, gestikuliert, mit jemandem spricht, auf etwas hindeutet. Immer ist sie in Bewegung. Und sie bewegt viel für die Kultur.

Als Professorin für Architektur, Design und Baudenkmalpflege sorgte sie dafür, dass historische Bausubstanz in den Eifeldörfern weiterlebt. Mit einer »Eifeler Bauernhausfibel« lieferte sie 1985 die Initialzündung für ein Umdenken. Und das war notwendig, vor allem in den so genannten Känguruvierteln: »Große Sprünge, nichts im Beutel« hieß es angesichts des Trends, um die alten Dorfkerne herum neu und möglichst günstig zu bauen. Es sollte keine geschnörkelten Bayernbalkone, keine falschen griechischen Säulen und keine barocken Erker geben, für die manche Bauherren so schwärmten. Und charaktervolle Altbauten, allen voran die schlichten langgezogenen Trierer Einhäuser, sollten möglichst erhalten bleiben. Runter mit Eternitverkleidungen und raus mit den Plastikfenstern, her mit den ursprünglichen Treppengiebeln und den einst ochsenblutgestrichenen Sandsteineinfassungen von Türen und Fenstern! Mit Kommissionen, Gemeinderäten und Hauseigentümern war sie Jahr für Jahr auf Tour, um bei »Unser Dorf soll schöner werden« den Kitsch zu verbannen. Sie rannte durch die Dorfgassen und beim Rennen fielen ihr die Schätze im Dornröschenschlaf auf, die sonst bald abgerissen worden wären. Sie hielt dagegen: »Das sind wunderbare materielle und immaterielle Werte!« Heute muss sie nicht mehr rennen, die Eifeler haben begriffen, worum es geht.

Jahrelang war Marie-Luise Niewodniczanska als Präsidentin auch Herz und Hirn der Europäischen Vereinigung Bildender Künstler (EVBK), die seit 1956 mittlerweile rund 700 Kunstschaffende aus Deutschland, Belgien, Luxemburg, Frankreich und den Niederlanden verbindet. Ihr Sitz ist Prüm, und so kommt es, dass sich jährlich während der Sommerferien das Regino-Gymnasium, ein ehemaliges Benediktinerkloster in direkter Nachbarschaft zur

St.-Salvator-Basilika, in eine Art Museum der modernen Kunst verwandelt. Die Vernissage-Reden finden in der barocken, mit auffälligem altrosa Außenputz versehenen Abteikirche statt. Ein durch und durch würdevoller Ort, entdeckte man hier doch das Grab des mittelalterlichen Kaisers Lothar, Begründer von Lothringen. Zudem sind hier die Sandalen Christi aufbewahrt – zumindest jenes Schuhwerk, was nach katholischem Glauben an Jesu Füße gehörte. Pilgergruppen nehmen das wörtlich und zum Vorbild, es zieht sie in die Basilika.

Nach den kunstsinnigen Reden, die immer den europäischen Gedanken nach vorn tragen, geht es nebenan ins Gymnasium. Hunderte Besucher fluten die Flure, in deren Weitläufigkeit man sich durchaus verlieren und Muße finden kann, die Werke in Stille zu betrachten. Die präsentierte Kunst ist eine bunte Tour de Force durch alle bildnerischen und bildhauerischen Sparten, die in der Großregion vertreten sind. Für die besten Werke verleiht die EVBK den Kaiser-Lothar-Preis. In früheren Jahren durften sich auch Künstler beteiligen, deren Schaffenskraft dem einen oder anderen besonders kritischen Kritiker wahlweise Sorgen- oder Lachfalten ins Gesicht zauberte. Doch spätestens seit »Niewo« hält die Auswahl durchweg scharfen Kennerblicken Stand. Skulpturen von Christoph Mancke oder Werner Bitzigeio, Grafiken von Ursula Hülsewig oder Gemälde von Franziskus Wendels stehen für ein Niveau, das auch in großen Museen zu Hause ist.

Franziskus Wendels zählt zu den Kaiser-Lothar-Preisträgern der EVBK. Er hat auch viele andere Auszeichnungen – unter anderem den Emy-Roeder-Kunstpreis – und Stipendien eingeheimst, konnte sich bei Wolf Vostell oder in der Florentiner Villa Romana ausbilden und Inspirationen holen. Einzelausstellungen hatte er zum Beispiel in Berlin, Köln, Luxemburg, Paris, Wien, Frankfurt oder München, war im Deutschen Pavillon der Expo 2000 oder in der Ausstellung »Unscharf nach Richter« in der Hamburger Kunsthalle vertreten. Mit anderen Worten: Er ist niemand, dessen Werke man an den Wänden eines Eifeler Kleinstadt-Gymnasiums vermuten würde. Aber seine zumeist großformatigen Bilder hängen in der Eifel sogar an anderen Orten, die keine internationalen Museumsweihen versprühen: Rathaus oder Kreisverwaltung, Kreditinstitut oder Stadthalle ... und in manchem Wohnzimmer. Winzige Büchlein mit Zeichnungen von ihm, hintersinnige Daumenkinos, gibt es im örtlichen Buchhandel.

Den längst auch in Köln lebenden Kunststar kennen viele Eifeler noch aus ganz anderen Zusammenhängen. Der wuschelköpfige, auch mit 60 Jahren jungenhafte Brillenträger ist einer von ihnen geblieben, ganz ohne jegliche Allüren. Er lächelt gern und empfängt Besucher freundschaftlich mit Kaffee und

Kuchen in seinem Pützborner Atelier … was einst die Backstube seiner Eltern war. Bäcker lernte er als Erstes, und das Biobrot, welches es in einem kleinen Bäckergeschäft in der Dauner Wirichstraße gab, ist bis heute bei den Daunern unvergessen. Er selbst hat seine handfesten Eifeler Wurzeln auch nie vergessen. Es zieht sich wie ein roter Faden durch seine Malerei, dass er – einst Junge vom Land und mit nächtlicher Dunkelheit vertraut – vom Gleißen der Großstadt fasziniert ist. Und es sind die irrlichternden Spuren von Menschen, die seine eigenartige Bildwelt ausmachen, ambivalente Emotionen zwischen Heimlichkeit und Anheimelndem. »Als ich mit dem Studium in Berlin begann, war ich – geprägt von einer ländlichen Welt – sehr fasziniert vom Urbanen. Das ist ein Grundmotiv, das mich bis heute beschäftigt.«

In einem Nebenraum der einstigen Backstube ist eine seltsame Installation verborgen. Franziskus Wendels führte mich hinein: ein schmuckloses Zimmer mit 60er-Jahre Charme, staubige Gardinen mit Blümchenmuster vor dem Fenster, in einer Ecke Gerümpel und lieblos abgestellte Koffer, an der Decke eine hässliche, zylindrische Lampe mit vergilbtem Schirm. »Schauen Sie doch mal!« Er lächelte vielversprechend. Und ich bin ein höflicher Mensch, meistens jedenfalls. »Aha«, brachte ich immerhin hervor. Wenn das Kunst sein sollte, dann hatte Beuys es mit seiner legendären Fettecke längst abgehakt und es konnte weg. Meiner Meinung nach. Wendels drehte sich um und schickte sich an, das Zimmer zu verlassen, mich mit diesem Plunder allein zu lassen. Ich wollte hinterher. »Warten Sie einen Augenblick«, sagte er und knipste im Vorbeigehen den Lichtschalter an der Tür aus. Ich stand im Dunkeln. Jetzt sah ich es: Aus dem tristen Müll war ein prachtvolles Interieur mit Kronleuchter geworden, eine parallele Welt leuchtete in fluoreszierenden Farben.

Eine andere Überraschung erlebte ich viel später, in der ausgedienten Werkshalle einer Spedition. Die Malerin Jutta Schulte-Gräfen hatte hierhin eingeladen, ihr Atelier ist gleich nebenan in den genauso ausgedienten Büroräumen der Spedition, welche ihrem Ehemann gehören. Ateliers in der Eifel sind von außen nicht auf den ersten Blick zu erkennen, sie erfordern Entdeckergeist. Hier verkünden keine schicken Fassaden, dass sich kreative Geister dahinter austoben. Die Halle verriet ihren ursprünglichen Zweck, es roch nach Motoröl und in einer Ecke stapelten sich Lkw-Reifen. Bänke von Biertischgarnituren waren vor einer improvisierten Bühne aufgestellt, es sollte mit der Kölner Jazz-Formation »Give me 5« ein Benefizevent für den Aufbau jener Kunststernwarte geben, von der bereits die Rede war. Man hält zusammen in der Kunstszene. Im hinteren Teil der Halle wurden Getränke und Salzbrezeln ausgegeben, ich stand dort, ins Gespräch mit Freunden vertieft, als mich die schwebenden Klänge eines Saxophons zum Zuhören zwangen. Jan Garbarek? Hier? Ich riss den Kopf herum. Vollkommen eins mit seinem Instrument war – Franziskus Wendels.

Nicht vom Glauben abfallen

So versteckt die Kunst in der Eifel ist, so offensichtlich ist, dass sie katholisch ist. Weithin sichtbar zum Beispiel ist die mächtige Stiftskirche St. Martin und St. Severus, deren Turm über den Dächern von Münstermaifeld zu schweben scheint. Die Kirche gehört in jedes Dorf, so klein es auch sein mag. Und zwischen den Dörfern stehen unzählige Kapellen und Heiligenhäuschen, die liebevoll mit frischen Blumen und Kerzen bestückt werden. Nicht anders war und ist es in und um Niederstadtfeld, jenem Dorf südlich von Daun, in dem ich einst auf der Suche nach Rudolf Bahro gelandet war. Nicht wegen Bahro blieb ich, sondern wegen der Eifel höchstselbst. Und wenn ich ehrlich bin, wegen eines ansehnlichen muskulösen Sportlehrers und zwei Dutzend anderer Menschen, die wie ich den tollkühnen Vorsatz hatten, mitten im »Hinterbüsch« der Vulkaneifel so etwas wie ein dörfliches Gesellschaftsexperiment zu wagen. Wir hatten Wohngemeinschaften, Ökogarten, vegetarische Ernährung, Carsharing und andere abenteuerliche Dinge. Jetzt ist so was normal, damals war es Avantgarde oder Schlimmeres.

Wir nahmen es hin, dass jede und jeder von uns etwas Eigenes einbrachte. Um nicht zu sagen: Eigenartiges. Bahro hatte zu jener Zeit die Begeisterung für Bhagwan noch nicht ganz abgelegt, liebäugelte jedoch zugleich mit Zen-Buddhismus, Hinduismus und Sufismus, gern auch mit dem indianischen

Medizinrad von Sun Bear, mit hebräischer Kabbala oder germanischen Runen ... ein Bauchladen spiritueller bis spiritistischer Traditionen, aus dem er an Wochenenden mal das eine, mal das andere herauspickte. Das Ganze sollte der Vorbereitung einer friedlichen, gerechten und naturliebenden Gesellschaft dienen. Ihm – und uns – diente es praktischerweise darüber hinaus dem Gelderwerb. Denn wir meditierten nicht nur zum Privatvergnügen. Wir machten Seminare draus mit Teilnehmern aus ganz Deutschland – gegen Bares, versteht sich. Und rein zufällig betrieben wir mitten im Ort, zwischen St.-Sebastian-Kirche und Tante-Emma-Laden, das dazugehörige Tagungshaus. Man konnte gar nicht an uns vorbei, selbst der einzige Briefkasten hing an unserem Gemäuer.

Die Glocke des Kirchturms bimmelte jede Viertelstunde, wobei jede volle Stunde zuvor von vier eigenen Schlägen angezeigt wurde. Zu Mittag hallte es besonders heftig durch die Dorfstraßen, was Coco, einen nahe der Kirche wohnenden Hütehund, zu wahren Verzweiflungsarien anstiftete. Hundegeheul und Bimmelei beruhigten sich pünktlich zur nächsten Viertelstunde wieder, dann kehrte Stille ein. Sonntags zur Messe verkündete ein helles Glöcklein die Wandlung. Mithin: Dass die Eifel katholisch ist, konnte man nicht nur nicht übersehen, auch nicht überhören.

Das einzige, was mit derlei akustischen Glaubens-bezeugungen konkurrierte, waren die Teilnehmer unserer Wochenenderleuchtungen. Das Tagungshaus nämlich war die ehemalige Dorfkneipe mit großen Fenstern, und aus dem früheren Tanzsaal dröhnten Sufigesänge nach draußen, sonores »Ommmmhhh«, ekstatische Schreie und hektische oder monotone Trommelschläge, je nachdem, ob gerade Osho oder Old Shatterhand tonangebend war. Nach Messe und Meditation konnte es sein, dass Pfarrer und Scha-mane einander auf der Dorfstraße begegneten und sich höflich nach dem Befinden erkundigten.

Eifeler sind, so hatten wir bereits gelernt, von Natur aus tolerant. Und neugierig. Diesmal war es ein Tantraseminar im ehemaligen Tanzsaal. Ein ebenerdiger Tanzsaal, wohlgemerkt, barrierefrei. Ob echte indische Tantriker so was tun, ist mir bis heute unbekannt, aber zu einem westdeutschen Tantrase-minar im New Age gehörte es, dass gemischte Paare beiderlei üblichen Geschlechts mit verbundenen Augen einander gegenübersaßen, nackt, wie Shiva sie schuf. Nun fielen sie nicht direkt übereinander her, das nicht. Stattdessen befummelten sie einander, als müssten sie die Leibesvisitation in einer Flughafen-Sicherheitsschleuse händisch erledigen. Das sollte die Sinne öffnen, unvoreingenommen machen und den Probanden ermöglichen, positive Emotionen wie Lust oder negative wie Widerwillen gleichermaßen aufmerksam zu registrieren und dann loszulassen, leicht wie eine Feder. Klappte vielleicht manchmal, vielleicht manchmal nicht. So hockten wir da im Lotussitz, auf Flokatis und Berberteppichen, hüllenlos, ratlos, mehr oder weniger blind mit Batiktuch um den Kopf, und taten wie uns geheißen. Ab und an hörte man ein Japsen oder Kichern, aber alles in allem war es ungefähr so aufregend wie das prophylaktische Krebs-Screening beim Hautarzt. Deswegen erstaunte uns alle der plötzliche, gellende Schrei einer Frau. Wir rissen uns die Augenbinden fort, folgten ihrem zitternden Fingerzeig … und starrten in die grinsenden Gesichter einer Traube Dorfkinder, welche sich vor dem Fenster postiert hatten und sich am Glas die Nasen platt drückten. Jemand von uns hatte vergessen, die Vorhänge zuzuziehen.

Zwei Wochen später stand das nächste Tantraseminar auf dem Programm. Wir flohen zu diesem Zweck in ein Tagungshaus irgendwo in Franken, möglichst weit weg. Ein einziger von uns verharrte in Niederstadtfeld, aufs Haus aufpassen. Er blieb nicht allein. Die Niederstadtfelder Dorfjugend war angetreten und hatte sogar Werbung für den Event bei den Kids aus Oberstadtfeld und Schutz gemacht. Und alle waren tief enttäuscht, keine nackten Tatsachen des New Age vorzufinden.

Da haben es die Leute vom Beuerhof bei Üxheim schon einfacher, weitab jeglicher Nachbarn hoch über der noch jungen Ahr. Hinter dem »Kommunikationszentrum«, wie sich der Hof mit supermoderner Website selbstbewusst nennt, steckt ein Mann namens Dieter Scholz. In früheren Jahren war er eine der ersten deutschen Werbeikonen – jener lockerlässige Typ, der meilenweit für eine Zigarette ging, mit Loch in der Schuhsohle. Im richtigen Leben ist er seit jeher Nichtraucher. Und mit dem Modelberuf hat er schon lange nichts mehr zu tun. Sein »Ding« sind indianische Weisheiten. »Als ich den Beuerhof kaufte, war das nur gedacht als Wochenendrefugium für mich und meine Familie. Ich lebte in Köln und stand nicht nur vor der Kamera, sondern als Inhaber einer Werbeagentur vor allem auch hinter der Kamera«, erzählt er. Stress pur, wie er sich erinnert, und er war nah am Rand des Burnouts, brauchte den Ausgleich mitten in der Natur. Eine simple Zeitungsanzeige »Grundstück mit Aufbauten zu verkaufen« lockte ihn. Die Aufbauten entpuppten sich als Relikte einer römischen Pferdewechselstation und das Grundstück als Tausende Quadratmeter Wald und Wiese.

Der Beuerhof wurde zum Seminarzentrum ausgebaut, es kamen immer mehr Besucher und eines Tages auch ein waschechter Stammeshäuptling, der Lakota Archie Lame Deer. Seitdem finden auf dem Beuerhof Schwitzhüttenzeremonien, Sonnentänze oder Visionssuchen statt. Es gibt Workshops, um aus gehemmten Bürohengsten kernige Kerle zu machen und aus testosterontrunkenen Managern empathische Teamplayer. Man kann in Tipis nächtigen und in Glaskuppeln meditieren, die biodynamische Selbstversorgung aus dem Garten klappt und 3.000 Gäste pro Jahr verraten, dass der Trend zum Spirit in der Eifelnatur ungebrochen ist. Die Üxheimer selbst jedoch gehen nicht so sehr auf Tuchfühlung mit den Sinnsuchern. Sie akzeptieren den Beuerhof, »aber es schaut kaum jemand vorbei«, meint Dieter Scholz. »Ein Guru bin ich ganz und gar nicht und hier gibt es keine Esoterik. Es geht darum, dass jeder den eigenen Weg findet. Das kann man gar nicht vorgeben, sondern höchstens etwas vorleben, das andere inspiriert.«

Vielleicht also doch mehr Nähe zum Dorf? Das kann schiefgehen, wenn man nicht mit der Frömmigkeit der Eifeler rechnet. Nach dem Abenteuer mit Sufi, Tantra, Buddha und Co. suchte ich ein Stück Normalität: Leben in einem ehemaligen Bauernhaus, als Paar, mit Hollywoodschaukel und Schnellkomposter im Garten, mit den üblichen zwei Autos und mit Einbauküche. Wir fanden ein Haus, richtig schön, neben der Dorfkirche. Das lässt sich in der Eifel, so hatte ich begriffen, kaum vermeiden, jedes Haus ist irgendwie in der Nähe einer Kirche. Warum auch nicht? Wir zogen im Frühling ein, Bienen summten, Vögel tirilierten, ab und zu brummte irgendwo ein

Rasenmäher, noch seltener tuckerte ein Trecker. Mittwochs hupte der Bäckerwagen, um sein Dasein zu verkünden, auf dass auch die autolosen Dorfbewohner nun Lebensmittel kaufen konnten. Nachmittags rollerten die Nachbarskinder mit ihrem Bobbycar über Verbundsteinpflaster und kreischten ein bisschen. Sonst nichts. Wir schliefen ein bei Amselgesang und wachten auf, weil unser Kater hungrig miaute.

Das ging so wochenlang. Bis zu jenem Morgen. Es war ein katholischer Feiertag. Es war sechs Uhr. Es kam aus dem Nichts. Ein infernalisches Getöse schallte durch das geöffnete Fenster. Sturmglocken, endlos, unerbittlich. War in der Eifel ein schrecklicher Krieg ausgebrochen? Eine Feuersbrunst? Drohte ein Vulkanausbruch? Panisch sprangen wir aus dem Bett, rissen wahllos Klamotten an uns, flohen in die Küche. Hier auf der anderen Seite unseres Hauses war das Geläut etwas gedämpfter als im Schlafzimmer, das dank der bergigen Dorftopografie auf derselben Höhe wie der 30 Meter entfernte Glockenturm war.

Das Läuten ging den ganzen Tag bis weit in den Abend, mit kurzen Unterbrechungen. Bei der ersten dachten wir noch, es wäre überstanden. Nach der zweiten Pause dachten wir, es hört gleich auf. Nach der dritten Pause glaubten wir an einen technischen Defekt. Nach der vierten Pause überlegten wir, ob wir Sprengstoff im Keller hätten. Und dann brüllten wir unseren Nachbarn Rudi Latten an: »Was soll das?« – »Was soll was?« – »Dieser Lärm!« – »Das Glockenläuten?« – »Ja, das!« – »Ach, das ist doch unser 24-Stunden-Läuten, das gibt es jedes Jahr. Zum Glück ist die Glocke rechtzeitig wieder repariert, die war bis gestern kaputt«, sagte er und strahlte. Immerhin, die 24 Stunden schafften sie nicht. Und so seltsam es klingt: Nach einem Vierteljahr ungefähr schlummerte ich seelenruhig weiter, obwohl neben mir jeden Morgen um sechs Uhr vehementes Glockengeläut Aufmerksamkeit einforderte.

Kirchen können etwas ungemein Beruhigendes ausstrahlen, finde ich. Und nicht nur für mich ist es dann doch ein schönes kleines Ritual geworden, den Sonntagsspaziergang rund ums Totenmaar mit einem Besuch in der Weinfelder Kapelle zu beenden. Ein kleiner Vorraum ist über und über vertäfelt mit Votivsprüchen auf Holz oder Marmor, mit denen sich Menschen bei der Muttergottes bedanken für Heilung, Rettung, Linderung. Dort hängt auch ein Hanfseil von der Decke. Ein- oder zweimal sanft dran ziehen, dann läutet die Glocke, hell und freundlich. Man darf sich etwas wünschen, und mit dem Klang wird der Wunsch in den Himmel getragen.

Allerdings sind nicht alle Eifeler Gepflogenheiten und Gebräuche, die mit Glauben und Magie in Verbindung gebracht werden können, derart zartfühlend. Wo es Heilige gibt, gibt es auch Hexen. In der Hexennacht zum 1. Mai sollte man wissen, in welcher Art Dorf man sich aufhält. Es gibt welche, deren männliche Jugend – die traditionsgemäß bei Lagerfeuer und Bier unterm Maibaum hockt und weit nach Mitternacht durch die Straßen zieht – ist ziemlich rabiat. Längst nicht immer bleibt es bei der neckischen Variante, Hecken, Bäume und Büsche mit Klopapier zu garnieren, sodass der Tag der Arbeit wörtlich zu nehmen ist beim Versuch, das flattrige Zeug aus der Botanik zu klauben. In manchen Dörfern geht es unter Umständen härter zur Sache.

In Kirchweiler zum Beispiel. Dort wohnte ich eine Zeitlang … und blieb jede Walpurgisnacht auf aus Sorge um mein draußen geparktes Auto. Aber nie geschah etwas Fieses, außer einer abgedrehten Antenne, aber was ist das schon? Kurz vor der Morgendämmerung huschten in jeder dieser Nächte Wesen durch den Garten, den ich mir mit meinem Vermieter teilte, und da zwei der Wesen seine eigenen Jungs waren, blieb alles wohlgesittet. Etwas entfernt, an einem Teich mit Grillhütte, wurde mit Technogewummer bis Mittag gefeiert und der Maibaum immer erfolgreich gegen die aus dem einen Kilometer entfernten Hinterweiler anstürmenden Männerhorden verteidigt. Alles in Ordnung – außer in meinem letzten Jahr in Kirchweiler. Als ich morgens aus meiner Haustür treten wollte, versperrte mir ein gigantischer, mit den Ruinen einer winterlichen

Grabbepflanzung überwucherter Blumenkübel den Weg. Ob man mich vom Wegziehen abhalten wollte? Nur mit dem Gabelstapler des Bauern von gegenüber konnte ich befreit werden.

Dort, wo ich jetzt lebe, habe ich mir die Mainacht-probleme komplett selbst gemacht. Durch die Erfahrung aus Kirchweiler skeptisch geworden, hatte ich es mir angewöhnt, am Vorabend des Ereignisses alles in der Scheune zu verbarrikadieren, was nicht niet- und nagelfest ist: Blumentöpfe und Gießkannen, Gartenmöbel und Vogelfutterhäuschen, Deko, Spaten, Harke, alles. Damit war ich regelmäßig eine Stunde beschäftigt … das Ganze am nächsten Tag retour. Irgendwann hatte ich keine Lust mehr auf derartige Plackerei. Mach es dir einfach, dachte ich, verschließe das große zweiteilige Hoftor, das sonst sperrangelweit offen steht wie eine Einladung an die nächtlichen Geister. Zum einbruchsicheren Abschließen wählte ich mangels anderer technischer Lösungen eines dieser Fahrradschlösser in gekringelter Schlauchform, außen Gummi, innen garantiert haltbares Metall. Ich wickelte das Schloss um beide Teile des Tores, es machte klick, ich zog den winzigen Schlüssel ab und mit einem zufriedenen Gefühl der Sicherheit schlief ich die Walpurgisnacht durch. Der nächste Morgen war sonnig und schön. Ein Blick aus dem Fenster bestätigte mich: Nichts, aber auch nichts war passiert, alles war an seinem Platz. Ein idealer Tag für einen Ausflug! Ich holte mein Auto aus der Garage und stoppte im letzten Moment eingedenk der Tatsache, dass ich das ausnahmsweise verrammelte Hoftor öffnen sollte, bevor ich Kleinholz daraus mache.

Ich lobte mich für meine Umsicht, ging ins Haus, holte den winzigen Schlüssel, steckte ihn ins Fahrradschloss … und es tat sich nichts. Egal wie brutal oder wie sanft ich rüttelte, drehte, zog, drückte. Nichts. Es dauerte eine Weile, bis ich allen Mut zusammennahm und bei meinem Nachbarn telefonisch anfragte, von wegen Befreiungsaktion nach Hexennacht und so … ob er eventuell einen Bolzenschneider hätte? Mein Nachbar hatte. Und außer einem spöttischen Grinsen im Gesicht einen guten Rat: »Bei uns schickt man sich, kannst dein Tor immer offen lassen, wir passen schon auf dich auf.« Traditionen sind von Eifeldorf zu Eifeldorf anders lebendig.

Karneval wird in der Eifel eher rustikal begangen und nicht so prachtvoll wie am Rhein. Es gibt in Dörfern unzählige Kappensitzungen, von denen man als Nicht-Eifeler keine Silbe versteht – außer das obligatorische Männerballett. Die Botschaft testosterongetränkter Kerle mit falschen Wimpern und in Rüschenröckchen ist wohl auch unmissverständlich. Aber Rosenmontagszüge mit Kamellen muss man suchen. In Blankenheim ziehen am Karnevalssamstag mit Bettlaken drapierte Gespenster fackeltragend und singend durch die nächtlichen Gassen. Der Winter wird vor allem von Frauenpower verjagt, und zwar am Schwerdonnerstag oder auch »schmotzige Dunschdag«, besser bekannt als Altweiberfastnacht. In vielen Dörfern und Städten treiben Möhnen ihr Unwesen, die ihren Namen vom Begriff »Muhme« für Tanten oder ältliche unverheiratete Frauen der mütterlichen Verwandtschaft ableiten. Nicht, dass die aus gegebenem Anlass trinkfesten Damen selbst schwer oder schmutzig wären … gemeint ist im Dialekt das Fett, welches zum Sieden der Pfannkuchen benötigt wird, um sich mit dieser Süßigkeit von allem fleischlichen Luxus in die Fastenzeit zu verabschieden. Kurz vor Aschermittwoch wurde ein letztes Mal geschlachtet, sodass in den Küchen und Backstuben Fett in rauen Mengen zur Verfügung stand.

In Wittlich, jener schicksalsträchtigen Stadt für Möhren und Säue, veranstalten die Möhnen das eifelweit wohl größte Spektakel und stellen einen Tag lang die kommunale Selbstverwaltung auf den Kopf. Ich weiß nicht, ob es seit dem historischen Säubrennerskandal für die Wittlicher unvorstellbar geworden ist, ein Gebäude auf die herkömmliche Weise durch die Tür zu betreten. Möglicherweise ist es so, Traumata wirken bekanntlich über Generationen hinweg. Jedenfalls haben die Wittlicherinnen eine Mordsgaudi daran, das Rathaus buchstäblich als Seiteneinsteigerinnen zu erobern und den Dienstweg vom Marktplatz aus über eine Leiter zu erklettern. Unten schunkelt und johlt das Volk, oben wartet ein schillernd gewandeter Bürgermeister samt beamteter Untergebenenschar und tut jedes Mal so, als wäre er über alle Maßen erstaunt. Dann zupft und zerrt er an den strampelnden Möhnen, um ihnen durchs sperrangelweit offene Fenster zu helfen, und jedes Mal zeigt sich dabei, was sie unter ihren Röcken tragen: weiße, pludrige Unterhosen, die zünftig mindestens bis zu den Knien reichen. Sobald die letzte Möhne ins Rathaus geplumpst ist, ergibt sich die Männerriege und behauptet, gegen derlei Ansturm leider keinerlei Chance zu haben. Eifeler Männer können, wenn sie wollen oder gezwungen werden, unglaublich charmant sein.

Und schnell. Das zeigt sich im Umgang mit den Eiern … Hühnereiern, versteht sich. Das österliche Faible für den massenhaften Babyklau beim Federvieh geht bekanntlich auf heidnische Fruchtbarkeitszeremonien zurück und hat eigentlich nichts mit der Auferstehung Christi zu tun. Aber das tut nichts zur Sache, auch in der Eifel nicht. Eier müssen sein, und praktischerweise gibt es etliche Menschen, die nicht nur einen Garten besitzen, sondern auch darin herumlaufende Hühner. An den Fruchtbarkeitssymbolen herrscht kein Mangel. Eier auszublasen, bunt anzumalen und sie gemeinsam mit Schokohasen in dekorative Nester zu stecken oder an Forsythien zu hängen, das ist jedoch nichts für echte Kerle. In Neroth und Schönecken haben die Jungs da ganz andere Methoden. Und die sind fast olympiareif.

Im Burgflecken Schönecken, nicht weit von Prüm, bereitet sich die Junggesellensodalität schon am Palmsonntag auf die Eierlage vor. Die Sodalität – im Ursprung eine religiöse Bruderschaft, wie es sie schon in der menschlichen Frühgeschichte gegeben haben soll – versteigert an zwei Mitglieder das Recht, den österlichen Höhepunkt entweder als Raffer oder als Läufer zu feiern. Der Raffer muss 104 rohe Eier einzeln in einer steilen Gasse aufsammeln und heil in einen Korb legen, der Läufer muss derweil ins Nachbardorf und zurück … und wer von beiden die Aufgabe schneller erledigt hat, trägt den Sieg davon. Für beide ist es eine beachtliche sportliche Leistung, die monatelanges Training braucht. Sofalümmler sind da fehl am Platz. Nicht genug der Mühen, im Vorfeld am Ostersamstag müssen die beiden Renntalente von Haus zu Haus gehen, sich höflich vorstellen und die Eier bei spendenfreudigen Dorfbewohnern einsammeln. Richtig ernst wird es am Ostermontag, nach dem Hochamt in der Kirche und einem Zug der Sodalität durch den Ort, begleitet vom Musikverein.

Danach füllt sich die Straße mit Zuschauern, dicht an dicht stehen sie, flankiert von Junggesellen in Frack und Zylinder. Auf dem Asphalt liegen sorgfältig ins Sägemehl und im Abstand von jeweils einer

Elle gebettet die Eier. Raffer und Läufer, beide in Weiß gekleidet, verabschieden sich per Bruderkuss und Handschlag ... dann legen sie los. Der Läufer muss 7,6 Kilometer und einen Höhenunterschied von mehr als 120 Metern überwinden, der Raffer spurtet derweil zu jedem einzelnen Ei, bückt sich 104 Mal, nimmt das Ei, dreht sich, rennt zum Sammelkorb, legt das Ei hinein ... Die Zuschauer feuern an, die Spannung wird immer fiebriger, das Gesicht des Raffers immer verschwitzter. Über Lautsprecher verkündet ein Sprecher den Countdown der Eier ... noch 100, noch 90, noch 20. Wenn ein Böllerschuss ertönt, wissen alle: Der Läufer ist nicht mehr weit. Es ist manchmal ein Herzschlagfinale auf Sekundenbruchteile. Es kommt auch vor, dass einer von beiden aufgeben muss, zu sehr ist er aus der Puste. Macht nichts, es geht um die Ehre der Teilnahme. Nachdem sich die Kontrahenten frisch gemacht haben, gibt es für alle Musik und Tanz im Festzelt und am Dienstag dann den ultimativen Cholesterinschock für die Sodalen: Die Eier werden aufgegessen.

In manchen Eifeldörfern, etwa in Neroth und Waldkönigen, hat sich ein anderer, ursprünglich heidnischer Frühlingsbrauch in christlicher Ummantelung erhalten. Und immer sind Junggesellen am Werk: Sie rollen strohgefüllte, brennende Räder einen Hügel hinab. So weit her ist es mit dem Katholizismus in den Tiefen der Eifeler Seele darum nicht:

Hexen und Dämonen lauern gleich um die Ecke. Oder die zu Heiligen verwandelten Feen der Kelten, die in Quellen, Bäumen und Felsen versteckt waren und Gutes taten. Der eigentliche »Tempel« ist gefühlt die Natur selbst. Im Basaltgestein über Hohenfels-Essingen hat jemand eine Mariengrotte in den Fels geschlagen, es wirkt wie Lourdes en miniature. Man sitzt hier unter uralten Buchen im Wald, zündet ewige Lichter an und betet zu wem man will.

Tief im Südwesten der Eifel, auf dem Ferschweiler Plateau, überrascht ein schiefer, moosbewachsener Monolith den Pilger auf einem Teil des Jakobswegs ... einst ein keltischer Menhir und Kultstein, wurde er der Sage nach vom heiligen Willibrord, der die Gegend christianisierte, zu einem Kreuz umgeformt. Auf den Dolomitfelsen bei Gerolstein pfeift der Wind über die Reste eines gallorömischen Heiligtums, welches der Bärengöttin Caiva gewidmet war. Auf einer Anhöhe bei Nettersheim beweisen die rekonstruierten Relikte von Weihesteinen, die ins erste bis ins vierte Jahrhundert nach Christus datiert werden, dass hier den aufanischen Matronen gehuldigt wurde, mütterlichen Schutzgottheiten. Viele von uralten Bäumen umstandene Kapellen in der Eifel, die mit wunderschönem Fernblick gesegnet oder an Bachläufen scheinbar absichtslos in der Landschaft herumstehen, wurden an Plätzen errichtet, die einst Naturgottheiten geweiht waren.

Den Eifelern scheint es jahrhundertelang nicht so wichtig gewesen sein, ob sie keltische, römische oder christliche Glaubenszeugnisse verehrten – Hauptsache, es war spirituell.

Die Preußen bissen sich da schon eher die Zähne aus, als sie um die Wende vom 19. zum 20. Jahrhun-

dert den Protestantismus in der Eifel verankern wollten. Dabei ließen sie sich die Sache richtig was kosten. Direkt neben den Ruinen einer Römervilla im
Gerolsteiner Stadtteil Sarresdorf und an der wichtigs-
ten Bahnstrecke durch die Eifel wurde auf Geheiß
des letzten deutschen Kaisers, Wilhelm II., ein rie-
siger evangelischer Sakralbau errichtet. Die Erlöserkirche ist außen ein eher schlichter, neoromanischer
Bau. Man kann zigmal an ihr vorbeifahren, ohne sie
wirklich wahrzunehmen. Innen jedoch bringt sie die
Gläubigen und Besucher zum staunenden Verstum-
men. Ihre Deckengewölbe und Wände sind über und
über mit blattgoldüberzogenen Mosaiken ausgeklei-
det. Geholfen hat es nicht. Die Eifel blieb katholisch. Heute erinnert die Sarresdorfer Straße weder
an römische noch an christliche Religiosität, sondern
an das, was bei den meisten Menschen an deren Stelle
getreten ist: der Glaube daran, dass Einkaufen glücklich macht. Alle möglichen Konzernketten haben hier
Filialen aufgemacht, die Reklameschilder vermitteln
eher den Eindruck einer »main street« des amerikanischen Mittelwestens als einer Eifeler Dorfstraße.

Die Frage des schnöden Geldes macht den Eifeler Klöstern zu schaffen. Oft sind es die gigantischen
Immobilien mit ihren steigenden Reparatur-, Heiz-
und Instandhaltungskosten, welche von den Ordens-
leuten nicht mehr gestemmt werden können. Denn
die Orden können nicht einfach die Konten der Bis-

tümer anzapfen oder Kirchensteuern einfordern. Sie müssen eigene Geschäftsideen entwickeln, um sich über Wasser zu halten, und sie müssen für diese Geschäftsbereiche genügend Mönche oder Nonnen rekrutieren. Ein Kloster ohne Ordensleute, die darin leben, hat keine Strahlkraft mehr, sondern wird – bestenfalls – ein Tagungshaus. Oder es bleibt leer und verfällt. Das von Salvatorianern getragene Kloster Steinfeld bei Kall, dem ein Gymnasium angeschlossen ist, geriet in den letzten Jahren in Bedrängnis und wurde mit Hilfe wohlwollender Unternehmer gerettet. Ihre Bedingung: Die Salvatorianer müssen bleiben. Aus dem Internat ist mittlerweile ein komfortables Gästehaus geworden.

Als Touristenmagnet fungiert Kloster Maria Laach am größten Maar der Eifel mit seiner berühmten romanischen Basilika. Hier leben in einem eigenen Bereich nach wie vor Benediktinermönche … wenige Meter entfernt von sonntäglichen Blechlawinen, deren Insassen die Kirche bewundern, um den See laufen, im Seehotel Sahnetorte verspeisen, im Selbstbedienungsrestaurant Pommes rot-weiß essen oder sich im Bioladen am Seeufer mit Gesundem eindecken. Ein großer, hoch moderner Klosterladen verkauft nicht nur Erbauliches, sondern auch ganz normale Krimis, außerdem gibt es Schmuck oder Keramik aus den kunsthandwerklichen Ateliers des Klosters. Einen Steinwurf entfernt kann man sogar Möbel und Wohnaccessoires erstehen – auch das ein Klosterbetrieb. Legendär ist die Gärtnerei, in der es von exotischen Zimmerpflanzen bis zu alten heimischen Obstbäumchen, von Rosen bis zu Teichbewuchs alles zu kaufen gibt. Nur mit einem kann die offen sichtbare Seite von Maria Laach selten aufwarten: mit Alleinsein und meditativer Stille. Für die gläubige Einkehr muss man sich tief ins Kloster auf Zeit einlassen. Das hat seinen eigenen abgetrennten Bereich jenseits des Trubels. Andere Eifelabteien haben nicht diese ungebremste Strahlkraft in die Öffentlichkeit. Sie sind, vielleicht, jedoch etwas ursprünglicher geblieben.

Die ehemalige Zisterzienserinnenabtei St. Thomas im Kylltal oder das Karmeliterkloster Springiersbach im Alfbachtal bei Wittlich schaffen eine Gratwanderung zwischen Seelsorge, Kultur und Tourismus. Es gibt Exerzitien, Meditations- und Bibelwochenenden, Eheberatung, Autorenlesungen oder Konzerte. Wer zur Ruhe kommen will, ist da richtig … ganz gleich welchen Glaubens. Im Salmtal ist das Kloster Himmerod allerdings etwas zu sehr in einen Dornröschenschlaf verfallen. Vor rund 900 Jahren wurde die Abtei von Bernhard von Clairvaux höchstselbst gegründet, sie ist die älteste Benediktinerabtei Deutschland … und seit 2017 verwaist. Lediglich ein einziger Pater, welcher sich der vom Orden verfügten Auflösung des Konvents widersetzt, hält die

Stellung. Der trotz seiner Betagtheit fitte und quirlige Pater Stephan ist Abenteuer gewöhnt: Wenn er nicht in der Eifel ist, um vor allem Jugendlichen die christliche Spiritualität nahezubringen, hilft er tatkräftig bei Entwicklungsprojekten im Sudan.

Das Aus für die Himmeroder Mönche zeichnete sich über Jahre hinweg ab. Ich habe mit dem früheren Abt Bruno oft gesprochen und wartete auf ihn in einem langgezogenen, dunklen Eingangsflur. Allein der einsame Hall in den kühlen Klostergängen und ein Geruch, wie er sich in kaum genutzten Gemäuern festsetzt, waren Hinweise auf ein langsames Aushauchen der Tradition. Dann saß ich ihm gegenüber, um über die Hoffnungsschimmer zu berichten, die dennoch nach außen getragen werden sollten. »Wir müssen uns öffnen, wir müssen ein Wirtschaftsbetrieb werden«, sagte der Abt oft müde und ließ wenig Zweifel daran, dass genau das eigentlich nicht der Weg war, den die Mönche – fast alle in ihren Achtzigern – gehen wollten. Vielleicht hat sie der Rummel gestört, den sie befürchteten. Wie Maria Laach wollte man in Himmerod nicht werden.

Mit Fischereibetrieb, Gärtnerei und Café, mit Buch- und Kunstlädchen und Gästetrakt, mit Konzerten auf der imposanten Orgel und mit dem Emaille-Museum, welches in einem mittelalterlichen Mühlengebäude untergebracht ist, war Himmerod zwar nie ein aus der Welt gefallenes Refugium. Aber die meisten Mönche fremdelten mit Neuerungen. Jahrelang versuchten Unternehmer, Wirtschaftsprofessoren und Unternehmensberater mit einer Veranstaltungsreihe für Führungskräfte, mehr Leben nach Himmerod zu bringen ... und vielleicht auch den einen oder anderen Sponsor. Aber am Ende half es nicht. Geblieben sind Gottesdienste und Konzerte, Meditationsangebote für Gäste, das Café und natürlich die aus Teichen mit klarem Salmwasser gefangenen und geräucherten Forellen, für die das Kloster in der ganzen Eifel berühmt ist. Gesucht wird nun eine spirituelle Gemeinschaft, die wieder Leben in den riesigen Konvent-Trakt bringt. Es müssen, so heißt es aus dem Bistum Trier, keine Benediktinermönche sein. Aber irgendwie christlich, das wäre schon schön.

Wovon leben die eigentlich?

Klöster gelten als mittelalterliche Keimzelle der modernen Arbeitswelt. Nach der Devise »ora et labora« schufteten die Mönche konzentriert im Takt der Kirchturmuhr, weder von einem überbordenden Sexleben noch von anderen weltlichen Dingen abgelenkt. Und dank eines steten Nachschubs an Arbeitskräften aus verarmten Adels- oder Bauernfamilien, dank fundierter Ausbildung sowie ausreichend Grundbesitz prosperierten die Klöster, sie häuften Kapital an und erwirtschafteten Überschüsse. Eine an ehemaligen wie noch lebendigen Abteien so reiche Landschaft wie die Eifel müsste demnach ein Hort von Betriebsamkeit und Industrie sein. Davon ist jedoch – zumindest vordergründig – nichts zu sehen und mitfühlende Eifelreisende stellen irgendwann eine Frage: Wovon leben die hier eigentlich, inmitten ihrer Wälder, Felder und Wiesen? Sollte man für sie ein Spendenkonto einrichten? Oder ist gar Raubrittertum lebendig, jeder SUV mit fremdem Kennzeichen wird an unübersichtlichen Stellen der Bundesstraßen abgefangen und geplündert?

Keine Angst, man muss nicht als Jäger und Sammler durch die Wälder streifen, um in der Eifel zu überleben. So seltsam es für Außenstehende klingen mag, wenn sie ihren Blick über die Hügelketten streifen lassen: Nicht jeder Eifeler ist Bauer oder Förster. Nicht jeder Eifeler schreibt über Polizeieinsätze oder verursacht welche, nicht jede Eifelerin geht in die Politik – Gruß an Andrea Nahles – und wieder hinaus. Nicht jeder von hier wird Schauspieler wie Mario Adorf oder Ingenieur wie jener Gustave Eiffel, dessen Familie aus Marmagen stammte und der Paris um eine nicht unwesentliche Attraktion reicher machte.

In meiner ostwestfälischen Heimat sind große Betriebe Normalität: Bertelsmann und Dr. Oetker, Claas und Miele, Tönnies und Interlübke, Gerry Weber und Westfalia heißen die Konzerne, die unweigerlich entstanden, als der Opa Bibelverse druckte, eine Milchzentrifuge zusammenbastelte, einem Schwein nach dem Leben trachtete oder beim Kuchenbacken helfen wollte. Zwischen Köln und Trier jedoch ist man anscheinend beim familiären Kuschelkurs geblieben. Das geneigte Verbraucherpublikum kennt Bitburger Bier und Gerolsteiner Sprudel, schon dem Namen nach Eifeler Produkte. Vielleicht auch noch Satellitenschüsseln von TechniSat oder Sägen von Stihl, wobei vermutlich kaum jemand diese Marken mit der Eifel in Verbindung bringt. Die

so genannten Hidden Champions sind zahlreich vertreten, aber nur was für Insider. Die Eifeler Welt-
marktführer spielen anscheinend Verstecken. Wer
ahnt schon, dass die präzisesten Mess-Instrumente
für die genormte Farbkorrektheit von Leuchtdi-
oden aus dem Eifeldorf Kalenborn-Scheuern stam-

men? Oder dass es kaum ein Auto gibt, welches ohne Aluteile aus dem 350-Einwohner-Dorf Wallscheid fährt? Oder dass Geheimdienste mit hoch sensibler Abschirmtechnik aus einem winzigen Weiler mit dem hausfraulichen Namen Strickscheid arbeiten?

Die Eifel ist längst kein reines Bauernland mehr … nicht mal mehr überwiegend eines. Aber die Landschaft ist noch immer grün und noch immer bestimmen weder Shoppingmalls noch Industriehallen das Bild. Was dazu verleitet, das Eifeler Wirtschaftsleben für Idylle pur zu halten. Und tatsächlich sind die unzähligen Traditionshandwerksbetriebe oder Startups, Gesundheits- oder IT-Dienstleister, Maschinenbauer oder Autozulieferer darauf geeicht, klein und wendig zu bleiben. Wenn man mit den Leuten aus den Führungsetagen spricht, dann sagen sie immer eines: »Wir wollen gar nicht viel größer werden, wir wollen höchstens organisch wachsen.« Wer arglos durch die Eifel fährt, muss unweigerlich glauben, die leben hier nur von guter Luft und Liebe zur Natur. Man sieht nichts Großes.

Es gibt jedoch ein paar optisch beeindruckende Ausnahmen, zum Beispiel die Pizzawerke von Dr. Oetker in Wittlich. Wer da irgendwo in Deutschland oder im benachbarten Ausland ins Tiefkühlregal greift, anstatt zum Italiener um die Ecke zu gehen, hat anschließend mit Sicherheit ein Abendessen aus der Eifel auf dem Teller. Und auch ohne Pizza kommt man als europäischer Endverbraucher kaum am wilden Westen vorbei: Eine der sichtbarsten künstlichen Landmarken der Region ist das Hochregallager bei Lutzerath. Mit einem blau-grün-pastellfarbenen Anstrich wollte man dem fensterlosen Mega-Klotz wohl eine Art Tarnung verpassen, die jedoch ziemlich misslang. Vom Lager aus verteilt der finnische Konzern Huhtamaki all das, was immer mehr ins Gerede kommt: Milliarden von Lebensmittelverpackungen, vor allem für die Fans von Fast Food und »to go«.

Unübersehbar und zumeist unüberhörbar ist auch die US-Airbase Spangdahlem, auf der an die 700 deutsche Zivilangestellte aller Sparten arbeiten, von Technikern bis zu Büroangestellten. Ein ernstzunehmender Arbeitgeber also, aber zugleich ein Stressfaktor für andere Unternehmen, die Fachkräfte suchen. Denn im Umfeld der Airbase, vor allem Richtung Süden und Osten, fällt es schwer, Menschen neu in die Gegend zu locken. Wer bleibt, ist resistent gegen manches – und hat einen Job. Der Lärm des Militärbetriebs wirkt mehr als nur ein wenig gewöhnungsbedürftig. Das kleine Gewerbegebiet von Landscheid-Niederkail etwa, welches der Airbase zugewandt liegt, ist umstanden von wunderschönen alten Baumriesen und Wiesen. Vögel gibt es hier – doch sie singen nicht, sie brüllen gegen die startenden F16 an. Und nebenan in der Chefetage der Firma Börner, die Gemüsehobel in alle Welt exportiert, schließt man auch im Hochsommer die Fenster, um sich beim Meeting verständigen zu können. Die Gewässerbelastung durch krebserregendes PFT, welches im Löschschaum der Airbase verwendet wurde und im Boden versickerte, sorgt überregional für Schlagzeilen. Angeln kann man rund um den Militärflugplatz – die Fische essen darf man nicht.

Manchmal allerdings werden sämtliche Vorurteile von dörflicher Behaglichkeit bestätigt. Frisch in der Eifel angekommen merkte ich, dass mich die schöne Aussicht allein nicht ernähren würde. In einer unüberlegten Wallung hatte ich mein westfälisches Auto abgeschafft, aber angesichts des real nichtexistierenden ÖPNV in der Eifel bald reumütig Ersatz besorgt: einen uralten Golf-Diesel, der angeblich jahrelang in trauter Zweisamkeit mit mehreren Hühnern in einer Garage gelebt hatte. Nur so waren die Kratzer auf Dach und Motorhaube erklärbar. Aber Autos sind Gebrauchsgegenstände, dachte ich mir, und ideal für den Transport von Dingen wie Bistumszeitungen. Ein Kumpel von einem Freund von einem Bekannten hatte mir gesteckt, dass in Trier Auslieferungsfahrer für den Paulinus gesucht wurden – ein katholisches Wochenblatt, das paketweise zum Fußvolk der Austräger gebracht werden musste. Und so absolvierte ich jeden Mittwoch insgesamt an die 600 Kilometer Eifellandstraßen, gefühlt jedes Dorf zwischen der südlichsten Südeifel und der Landesgrenze zu

Nordrhein-Westfalen steuerte ich an … auf den ersten Kilometern wegen Überladung mit schräg abstehenden Hinterreifen.

Auf Höhe Kyllburg und Wilsecker, im schönen Bitburger Gutland, hatte ich dann schon einige Zeitungspakete vor die Haustüren der Austräger gelegt … und dabei sogar Freundschaft mit einem wachsamen Dobermann geschlossen. Ich liebe Tiere und die merken das. Beinahe hingen ab jetzt die Reifen wieder senkrecht an den Achsen. Beinahe schaffte ich es ab jetzt, das 40-PS-Gefährt auf mehr als Schritttempo zu beschleunigen. Bei offenem Fenster, sanfter Frühlingsbrise und befreit vom Sicherheitsgurt – schließlich musste ich alle paar Meter aussteigen – ein Genuss. Ich glaube mich zu erinnern, dass ich damals beim Fahren sehr gern »Walking on Sunshine« auf Kassette hörte. Meine Tour war akribisch ausgetüftelt und natürlich so gestrafft wie irgend möglich. Dass da manchmal ein Schild stand mit dem Hinweis, dieser oder jener Weg sei nur für landwirtschaftlichen Verkehr frei – who cares?

So donnerte ich auf einem dieser Wege unbeschwert bis auf Tausende Bistumsblätter im Fond, laut mitsingend und den freien Arm lässig aus dem Fenster hängend von einer Anhöhe aus hinunter in ein Dorf namens Wilsecker. Aus den Augenwinkeln sah ich in einer Ackereinfahrt ein Auto rumstehen. Aha. Egal. Paket abwerfen, wenden, zurück mit Schmackes, schließlich ging es nun steil bergauf. Mit durchgetretenem Gaspedal tuckerte ich erneut an dem Auto vorbei. Es war grün-weiß, holte mich ein und überholte mich. Oben auf der Anhöhe erwartete mich der Uniformierte mit Kelle. Ob ich wisse, dass dieser Weg nur für landwirtschaftlichen Verkehr …? Ich wusste. Was ich denn trotzdem auf genau diesem Wege zu suchen hätte? Und überhaupt, ich sei nicht angeschnallt. Und die Reifen … Jetzt half nur noch beten. Ich deutete auf die Rückbank: »Ich bin im Auftrag des Herrn unterwegs.« Das ließ er gelten.

Arbeit in der Eifel kann also durchaus etwas Gemütliches haben, wofür man auf Verständnis trifft. Hier gibt es im Supermarkt keine eigens gekennzeichneten Plauderkassen, an denen der Bezahlvorgang auch mit dem Austausch von Freundlichkeiten verbunden sein darf. In den Niederlanden, so schrieb kürzlich ein großes Magazin, sei dies der neueste Trend gegen Einsamkeit. In der Eifel hat sich nie etwas daran geändert: Man tritt dem älteren Menschen, der vor einem im Portemonnaie nach Kleingeld angelt, nicht in die Hacken und man beschimpft ihn nicht, wenn er nach erledigter Transaktion noch einen guten Tag wünscht. Man hat Zeit.

Unter anderem mit dieser Bodenständigkeit wirbt ein Mensch, der in Prüm im Kellergeschoss eines ehemaligen Konviktes sitzt: Markus Pfeifer. Er ist Chef der Regionalmarke Eifel, und die wiederum hat sich auf die Fahnen geschrieben, die besonderen Qualitäten der Arbeitgeber in der Region herauszustellen. Denn die Sorge, dass Eifeler untätig vor sich hin darben, ist gänzlich unbegründet, im Gegenteil. Da es keine industrielle Monokultur gibt, ist die Gegend wirtschaftlich seit vielen Jahrzehnten recht stabil, es gibt weder große Einbrüche mit hochschießender Arbeitslosenquote noch plötzliche Booms. Der Mix aus unzähligen, zumeist kleinen Unternehmen der verschiedensten Branchen verleiht der Eifel einen zuverlässig tuckernden Motor, der weder stottert und überdreht. Und das heißt: Arbeitskräfte werden immer gebraucht. Erst recht in Zeiten, in denen generell um Personal geworben wird, weil aus der einstigen Bevölkerungspyramide unterdessen ein schütteres Bevölkerungsbäumchen mit dünnem Stamm und zerfledderter Krone geworden ist. Die Eifeler Handwerker, seit gefühlten Ewigkeiten unerschöpfliches Reservoir für Solides von Köln bis Luxemburg, brauchen dringend beruflichen Nachwuchs. Mediendesigner oder Tätowierer tauschen nirgendwo Heizungen aus, bauen nirgendwo barrierefreie Bäder und reparieren keine Autos.

Markus Pfeifer also sagt den Menschen allüberall, wie gut es sich in der Eifel arbeiten lässt. Und das sagt er nicht einfach so dahin. Vielmehr hat »seine« Regionalmarke eine eigene Arbeitgebermarke entwickelt, und die hat es in sich. Betriebe, die damit werben wollen, ein waschechter Eifel-Arbeitgeber zu sein, müssen sich zertifizieren lassen und dafür feste Kriterien erfüllen, Schulungen absolvieren, unabhängige Kontrollen über sich ergehen lassen. Eines der Kriterien: eine gute Work-Life-Balance gewährleisten, mit anderen Worten, neben dem Job auch Zeit für das Familienleben oder Privates zulassen. Oder als Chef ansprechbar sein, wenn es auch mal um andere Probleme als rein Berufliches geht. Oder dafür sorgen, dass es – etwa mit betrieblichem Gesundheitsmanagement – den Leuten nicht auf die Nerven fällt, an die Nieren geht, den Rücken krumm macht, wenn sie arbeiten gehen.

Um Gesundheit ging es auch bei der Initialzündung für eine mittlerweile internationale Erfolgsgeschichte aus der Eifel. Mitte der 1990er Jahre begegneten sich zufällige zwei Menschen in einem Zug: Er der Inhaber eines kleinen Maschinenbaubetriebs, sie Apothekerin. Beide stellten fest, dass sie aus der Eifel kommen und nur ein paar Kilometer voneinander entfernt leben und arbeiten. Die Apothekerin schilderte, wie viel Zeit es kostet und wie viel Reibungsverluste entstehen, nur weil sie das Beratungsgespräch mit dem vielleicht schniefenden, vielleicht herzkranken Patienten abbrechen und nach hinten rennen muss, um in riesigen Schubladen nach den notwendigen Medikamenten zu fahnden. Und der Maschinenbauer hatte da eine Idee. Heute heißt das Ganze BD Rowa, ist Teil eines internationalen Konzerns – es geht also doch! – und entwickelt und produziert Automatisierungssysteme für Apotheken und Kliniken. Traditionsbewusstsein gehört zur Eifel, aber die neuen Jobs nennen sich Teamlead Cloud Solutions oder Software Engineer Full Stack. Die eigenen Mitarbeiter werden zu Headhuntern, die Prämien kassieren, wenn sie erfolgreich andere helle Köpfe anliefern. Die Kinderbetreuung wird finanziell unterstützt und flexible Arbeitszeiten sowie preisgünstiges Wohnen ringsum machen es möglich, dass die Eifel nach wie vor ein Zuhause für Familien ist. Schließlich war nicht alles schlecht an der kleinbäuerlichen Vergangenheit, weiß man.

Die preiswerten Grundstückspreise für Wiesen und Äcker locken auch Unternehmergeist an, dem es in den Ballungsräumen zu eng wird. Was nicht unbedingt dazu führt, dass Engstellen anderer Art dann gänzlich zu vermeiden wären. Davon können die Logistiker und Techniker eines Weltmarktführers für spezielle Schlauchmembranpumpen ein Lied singen. Einst als Gießerei gegründet, zog das Unternehmen 1960 von Köln in eine Eifeler Flussaue – Platz satt, wie man damals dachte. Eine Sache von zentimetergenauer Präzisionslogistik ist es mittlerweile jedoch, riesengroße Spezialpumpen aus dem Kylltal rauszubugsieren, damit sie ihre Reise zum Beispiel nach China antreten können. Der Grund ist die ausgesprochen malerische Lage der Feluwa GmbH. Das Werk hat zwar theoretisch einen Bahnanschluss vor der Nase, denn die eingleisige Strecke von Köln nach Trier macht in Mürlenbach Station. Aber die Straße, die zum Betrieb führt, mündet alsbald in einen beliebten Radweg ... nicht gerade der Prototyp von modernem Werksverkehr. So was meistert man jedoch längst mit großer Coolness und ist sogar ein Stück weit stolz darauf, nicht nur bei der eigenen Technik, sondern auch beim Transport Rekorde aufzustellen. Und in der Mittagspause in wenigen Schritten im Wald zu stehen ist sicher auch ein Moment, der dazu beiträgt, dass sich dual Studierende ebenso wohl fühlen wie jemand, der Zerspanungsmechanik gelernt hat.

Die beiden Firmen – und mittlerweile viele andere – haben begriffen, dass sehr lautes Klappern zum Handwerk gehört, wenn man ein Industriebetrieb »made in Eifel« ist und mithin zu einer unbekannten Spezies zählt. Doch immer wieder trifft man auf eine Haltung, die mit bodenständiger Bescheidenheit beschrieben werden kann. Einen wahren Meister in dieser Disziplin traf ich vor Jahren in Person von Helmut Reuter junior. Ich sollte für eine Regionalzeitung seinen Feuerwerksbetrieb porträtieren, denn er bestückte manch eine Kirmes und manch ein Weinfest in der Gegend. Ich traf ihn am Rand von Müllenbach, einem Dörflein in der waldreichen Einsamkeit des nördlichen Kreises Cochem-Zell, weit entfernt von der Weinseligkeit des touristischen Hotspots Cochem mit seiner Reichsburg. Hier oben ist der Nürburgring ganz nah und man ahnt, warum der vor fast einem Jahrhundert in eine damals arme Gegend geklotzt wurde: Irgendwas sollte her, das schnell und viel Geld bringt.

Zwischendurch brachte das Militär etwas Geld, nach 1945 galt die Eifel als Abschussrampe der Nato für mögliche Kriegseinsätze. Als die amerikanischen Truppen abzogen, hinterließen sie verstreute Areale mit leerstehenden Bunkern und Sheltern, die vor sich hin moderten. Manche fanden ihre spätere Bestimmung als klammheimliche Gewächshäuser für Marihuanaplantagen. Der Herr Reuter hingegen liebt es gesetzestreu und machte aus dem Shelter in der Nähe von Müllenbach ein Lager für Feuerwerkskörper. Er zeigte ihn mir, erläuterte die chemische Zusammensetzung der farbenfrohen Bömbchen und erzählte auch ein bisschen aus der Familiengeschichte. Auf die Sache mit dem Schwarzpulver war sein Urgroßvater Johann Josef Steffes-Ollig ganz naheliegend gekommen, weil Sprengstoff für den Abbau des Schiefers im nahen Kaulenbachtal benötigt wurde. Noch heute ist das Tal geprägt von einer riesigen Halde, Reste der alten Industrie. So saß ich bei den Reuters im Wohnzimmer und hörte zu … Helmut junior ist niemand, der von sich aus ohne Punkt und Komma redet. Es war ein behagliches Arbeitsgespräch, bei Kaffee und Keksen. Irgendwann hatte er mir alles verraten, was in ein normales Firmenporträt gehört: Absatzmärkte und Technik, Mitarbeiterzahl und Qualifikationen, Führungskultur und Zukunftsperspektiven. Ich hatte noch Kaffee in der Tasse, sah mich um und mein Blick fiel auf prächtige Orientteppiche, die als Wandbehang dienten. Auch ein silberner Wandteller fiel mir auf, reich verziert mit kunstvoll gepunzten Ornamenten. »Die sind aber schön!«, entfuhr es mir. »Die hat mein Vater aus Iran mitgebracht«, lautete seine Erklärung, »er hat da auch mal gearbeitet.«

Das »auch mal gearbeitet« entpuppte sich als Auftrag des Schahs von Persien, der 1971 ein gigantisches Staatsfest aus Anlass von 2.500 Jahren Monarchie veranstaltete. Helmut Reuter senior hatte für den Höhepunkt der Zeremonien das Feuerwerk geliefert und zusammengestellt. Sein Sohn, mit dem ich gerade Kaffee trank, outete sich zögernd als Weltmeister der Feuerwerker, der sich in Kanada gegen Konkurrenz aus aller Welt behauptet hatte mit einer Show, die Musik und Feuerwerk in perfekter Harmonie an den Himmel zaubert.

Manchmal dauert es also, bis Eifeler Chefs und Chefinnen zeigen, was in ihnen steckt. Aber die meisten von ihnen hoffen, dass Zuzügler entdecken, wie gut es sich im wilden Westen leben lässt. Sie hoffen auch auf junge oder ältere Leute, die mal eine Zeitlang fort waren und wieder zurückkehren. Ihnen muss man die Eifel nicht erklären. Aber selbst die glauben oft nicht so recht daran, in der alten Heimat wieder Fuß fassen zu können. Vor allem, wenn sie ein Orchideenfach studiert haben und auf dem Arbeitsmarkt Exoten sind. Die Komparatistin Stefanie Häb ist mit ihrem Beruf eine Exotin, und nach ihrem Abitur wollte sie nur eines: »Nichts wie weg!«, erinnert sich die Schönbacherin. »Die Eifel erschien mir zu klein für alles.« Gesagt, getan. Sie studierte in der Pfalz Englisch und Französisch, wagte einen Abstecher nach Paris an die Sorbonne und machte ihren Master-Abschluss in vergleichender Literaturwissenschaft an der Uni Mainz über Erzählmethoden in Comics und Romanen. »Bücher sind mehr als nur Text und Buchstaben, sondern ein einzigartiges materielles Medium.« So zog es sie nach Zürich zu einem kleinen Independent-Verlag, der auf moderne Klassiker mit anspruchsvollen Illustrationen spezialisiert ist. Viel weiter fort vom tumben Landei-Image kann man sich als Normalsterbliche kaum entfernen. Dann geschah im Laufe der Jahre etwas, mit dem sie nicht gerechnet hatte: Es schlich sich so etwas wie Heimweh nach der Sprache und Landschaft der Eifel ein. »Aber ich dachte mir: Mit meiner beruflichen Qualifikation … wie soll ich ausgerechnet in der Eifel eine Arbeit finden? Es schien aussichtslos.« War es aber nicht, eine einzige Initiativbewerbung reichte aus. Jetzt ist sie wieder daheim. »Manchmal kann es nerven, dass jeder jeden kennt«, lacht sie, »aber es ist schön vertraut, wenn ich auf Eifeler Platt gefragt werde ›wem bes dou dann‹, also ›aus welcher Familie kommst du‹.«

Einen ziemlichen Umweg legte auch Stefanie Mayer-Augarde aufs Parkett, bis sie zurück in der Eifel war. Daun, Los Angeles, Paris, Daun … das ist schon eine ansehnliche Strecke. Die heutige Vorsitzende des Dauner Gewerbe- und Verkehrsvereins stammt aus einer alteingesessenen Uhrmacher- und Goldschmiedefamilie. Aber eine »innere Notwendigkeit«, wie sie sagt, führte sie erstmal weg aus der Eifel, und zwar nach München, um dort Theaterwissenschaft zu studieren, was sie in Kalifornien fortsetzte. Sie war unter anderem Regie-Assistentin bei Off-Theatern und übernahm als Schauspielerin kleinere Rollen in Filmen und Theaterstücken. Aus Los Angeles zog es sie nach Paris, dort machte sie ein Reiseleiterdiplom und arbeitete als Stadtführerin für Touristen. »Ich badete regelrecht in Kunst, im Louvre oder am Montmartre. In Paris habe ich enorm viel über Kunst und Architektur gelernt.« Das – unter anderem – brachte sie mit zurück in die Eifel und eröffnete in einem ehemaligen Schusterladen in Dauns gemütlicher Einkaufsmeile eine Kunstgalerie. Regelmäßig stellt sie Malerei, Grafik, Fotografie oder Plastiken von Künstlern aus ganz

Deutschland aus ... und von Künstlern wie Ulrich Westerfrölke, Maf Räderscheidt oder Hans Christian Rüngeler, die von ihren Eifelateliers aus einen Ruf in der ganzen Kunstwelt haben. Doch Vernissagen, Midissagen und Finissagen sind bei Stefanie Mayer-Augarde keine Anlässe, im Stehen Sekt zu trinken und bei Häppchen zu parlieren. Sie nutzt diese Veranstaltungen, um ein Crossover der Kunstgattungen lebendig werden zu lassen: Dann passen Lyrik oder Jazzimprovisationen zu den Bildern. Und es geht nicht nach dem Schickeria-Motto »Sehen und gesehen werden« im kleinen Schwarzen, sondern es kommen Menschen, die einfach gern gute Kunst sehen. Das andere, was sie mitbrachte, war Eheglück: Ihr französischer Ehemann Eric Augarde ist erfolgreicher Drehbuchautor und nutzt die relative Ruhe in der Eifel, um wohlinspirierte Plots zu erfinden. »Paris ist via Luxemburg immer noch ganz nah. Die ›Rosinen‹ der Metropole kann ich mir herauspicken und genieße ansonsten die Lebensqualität der Eifel.«

Besonders wendungsreich war der Weg für Gabi Trosdorff, bis sie zurück in der Eifelheimat eine Existenz aufbaute, die mit ihrem ursprünglichen Beruf nichts zu tun hat. Die gelernte Fotografin mit gefühlt einem Dutzend praktisch veranlagter Hände, die sich nie in die Quere kommen und simultan das Richtige tun, arbeitete einige Jahre in Tansania als Entwicklungshelferin und übernahm nach ihrer Rückkehr zunächst den Tante-Emma-Laden ihrer Mutter. Da jedoch kaum jemand so lebendige Fotos von Land und Leuten in der Eifel machte wie sie, wurde sie prompt von den Touristikern gebucht. Nach wenigen Jahren Doppelbelastung hauchte das kleine Geschäft, bis dahin Kommunikationsmittelpunkt des Dorfes, sein Leben aus. Das Schicksal schlug bald erneut in Form eines Alfreds zu, in den sie sich verliebte und zu ihm ins Ruhrgebiet zog. Doch dem Charme der Eifel konnte sich der passionierte Motorradfahrer nicht entziehen, und wenig später war sie wieder da – die Gabi nun im Zweierpack, Alfred als Sozius.

Die Kurvenlage für Biker ist dort richtig herzerfrischend, wo es von Manderscheid hinunter ins Liesertal geht, an zwei wuchtigen Burgruinen vorbei und wieder hinauf auf die Anhöhe bei Pantenburg. Kurz vorm Abgrund, mit unverbaubarem Burgblick, stand eine Pension leer ... innen im herben Stil der 1960er Jahre, aber mit Potenzial. Gabi und Alfred verwandelten das Etablissement in ein farbenfrohes Landhotel. Die Eifelidylle ist leider kein Garant für Eheglück, Alfred ist wieder weg. Gabi jedoch ist da, in ihrem vierten beruflichen Leben nun eine passionierte Gastgeberin. Ihre Gäste versuchen zumeist, den Eifelsteig zu bezwingen, der im Liesertal auch mal alpine Schwierigkeitsgrade annehmen kann. Und dass es auch für geübte Wanderer eine Herausforderung sein muss, entnahm ich einer langen Reportage in einer großen deutschen Tageszeitung ... der Reisereporter übernachtete bei Gabi.

Freddy, so hieß er, litt offenbar schwer während seiner Wanderung. Insbesondere machte ihm Schuhwerk zu schaffen, von welchem im unerwartet heißen Eifelsommer die Sohlen abschmolzen. Und stets wähnte er sich, wie er schildert, dem Verdursten nahe wie ein spanischer Hauptmann des 16. Jahrhunderts am Grand Canyon. Ich persönlich finde es für das Liesertal eine Ehre, mit diesem Weltmonument verglichen zu werden, aber es war wohl nicht als Lob des hier entlangführenden Eifelsteigs gemeint. Zur unverhofften Schroffheit der Strecke gesellte sich für Freddy ein eklatanter Mangel an Bier. Die diversen Sorten Bitburger boten beim Trekking zu wenig

Abwechslung und die Alternativen wie etwa Eifeler Landbier oder Vulkan Helles aus Mendig waren nicht überall zugänglich. In der Tat ist die originäre keltische Braukunst, auf die der Reisende offenbar als Wegzehrung hoffte, eine Rarität geworden.

Manchmal versteckt sie sich, zum Beispiel bei Lucas Hürtgen. Sein Hobby ist Bierbrauen. Sein neu geschaffener Hauptjob: als Gesundheitsmanager Mediziner und Pflegekräfte in die Vulkaneifel locken. Zwar ist er Master der Betriebswirtschaft, sieht aber nicht nur die Zahlen. Er fahndet ganzheitlich nach jungen Menschen, die in einem der Medizinischen Versorgungszentren oder Krankenhäuser arbeiten wollen. Lockmittel sind unter anderem Leihwagen und Wohnungen, die gestellt werden. Und es sieht rein statistisch nicht gut aus für die medizinische Versorgung in der Eifel: Geschätzt 60 Prozent der Ärzte gehen bis 2023 in Rente. Damit ist der wilde Westen nicht anders als der wilde Osten oder andere Landschaften.

Als ein deutschlandweites Vorreiterprojekt für die Rekrutierung von medizinischem Personal wurde in Bitburg eine Genossenschaft gegründet, die sich Medicus nennt. Mit dem Buch über einen fahrenden Heilkundigen des Mittelalters hat das nichts zu tun, sondern zunächst mal mit der bereits sattsam bekannten Beharrlichkeit der Eifeler, die sich nicht scheuen, auch den Landes- und Bundesgesundheitsministerien oder der Kassenärztlichen Vereinigung gehörig auf die Nerven zu fallen. Beinahe wäre die Ärztegenossenschaft, in der junge Kolleginnen und Kollegen angestellt werden können und nicht das Risiko einer eigenen Praxis tragen müssen, gescheitert. Denn die Mitglieder hätten im Fall, dass etwas schiefläuft, mit dem eigenen Vermögen haften sollen. Das ist vom Tisch. Jetzt müssen nur noch die entsprechenden Menschen ihr Herz für ein Berufsleben in der Eifel entdecken.

Süß genug jedenfalls kann es werden. Dafür sorgen die Imker. Etliche produzieren im Nebenerwerb. Einer derjenigen, die ihr ganzes Leben damit bestreiten, ist Thomas Körsten. Der lockenköpfige Mittfünfziger aus Neroth hat ein Faible für Louisiana-Feeling, er ist Bassist und Sänger der Õyez Blues Band. Auf St. Kitts in der Karibik, auf Samoa und den Fidschi-Inseln half er mit beim Aufbau kleiner Öko-Imkereien … und mit mehr als 200 Bienenvölkern erzeugt er zwischen der Vulkaneifel und der Mosel rund ein halbes Dutzend Biohonigsorten. Wer ihn beim Arbeiten mit seinen Bienenvölkern beobachtet, wundert sich: Er hantiert mit seinen Honiglieferantinnen nicht im Schutzanzug, sondern ganz normal gekleidet. »Ab und zu werde ich auch gestochen«, gibt er zu, »aber meine Bienen sind durch ein Vierteljahrhundert Selektion alle auf Friedfertigkeit geeicht.«

Damit ähneln sie ihrem sanften Besitzer, der sein Wissen zwar gern weitergibt, dabei aber alles andere ist als ein Zuchtmeister. »Es reicht nicht, den Menschen einfach Bienenvölker vor die Nase zu stellen und zu sagen ›Macht mal‹. Man muss die Leute gut auswählen, die als Imker geeignet sind. Je gelassener und ruhiger man selbst ist, desto weniger wird man als Bedrohung wahrgenommen und desto weniger wird man von den Bienen attackiert.« In Schulen der Eifel klärt er Kinder und Jugendliche über die Bedeutung der Bienen und der Imkerei auf und gibt ihnen Blumensamentütchen mit: »Von April bis September sollte in jedem Garten etwas blühen, die Bienen brauchen das.«

Thomas Körstens Bruder im Geiste ist Josef Utters, Bäckermeister aus Dockweiler. Er hat einen

Schatz: die in Sütterlinschrift in einer Kladde aufgezeichneten Rezepte seines Großvaters. Seine Vorfahren waren am Ort bereits seit 1832 Bäcker und auch Müller. Josef backt Bio und hilft mit einem Projekt namens Little Prinz, Waisen und vernachlässigten Kindern in Kenia eine schulische und berufliche Ausbildung zu geben. Es geht ihm nicht ums Kirchturmdenken. Aber er will ganz bewusst die Eifeler Backtraditionen pflegen: »Damit können junge Leute noch stolz auf diesen Beruf sein. Es muss einen Unterschied geben zu industriellen Verfahren, die überall dieselben sind.« Er will Unverwechselbarkeit, die Region muss man schmecken. Seine Zutaten sind viel Eifeler Geduld für den Sauerteig und für manuelle Verarbeitung, ein Holzbackofen und eigene Mühlen direkt an der Backstube. Die Café-Nische in seiner Bäckerei ist ein kleines Heimatmuseum mit alten Fotos und urigem Stubenmobiliar. Mit dieser Rückbesinnung auf die Wurzeln klappt es bei ihm auch, Auszubildende zu finden ... anders als viele seiner städtischen Kollegen, die vergeblich suchen.

Die Tücken des Topfkuchens

Bleiben wir beim Essen und Trinken. Monschauer Senf, Aachener Printen, Apollinaris-Mineralwasser oder Bitburger Bier sind da wohl die bekanntesten Publikumsrenner. Verborgener bleibt, dass in etlichen Milchtüten, Käselaiben oder Streichfettpackungen mit dem Arla-Label Milch aus der Eifel steckt. Oder dass in unzähligen Süßigkeiten Zucker aus Rüben enthalten ist, die rund um Zülpich und Euskirchen aus dem Boden gezogen wurden. Veganer und Vegetarier aus ganz Europa essen Fertiggerichte mit Tofu, die in Wiesbaum bei Hillesheim entwickelt und produziert werden. Aber sie wissen es nicht. Schmeckt man auch nicht heraus.

Überhaupt gilt Kochkunst nicht gerade als Exportschlager der Eifel. Dabei waren es die pragmatischen Eifelerinnen, welche die Idee hatten, ein typisch rheinisches Gericht, nämlich die Kartoffelpuffer, auf gemächliche Art zuzubereiten. Anstatt schwitzend am Herd zu stehen und die Fladen in siedendem Fett zu wenden, packten sie den Kartoffelteig in einen Topf aus Gusseisen, um ihn darin wie einen Kuchen zu backen. Es dauert je nach Menge rund zwei Stunden, bis roh geriebene Kartoffeln, Zwiebeln, Speck, Eier und Gewürze gut durch sind ... Zeit genug, um währenddessen etwas anderes zu tun. Und Muße genug, um am Ende selbst mitessen zu können und nicht von der heißen Pfanne aus zuschauen zu müssen, wie sich die liebe Familie den Bauch mit dem steten Nachschub knuspriger Puffer vollschlägt. Dibbelabbes oder Döppekooche, auf Hochdeutsch Topfkuchen, heißt das Eifeler Nationalgericht.

Und eines Tages wollte ich meinen Lebensgefährten und liebe Gäste mit selbigem verwöhnen. Ich gehöre zur Vorhut jener Generation, die sich jahrelang von Tütensuppen und Dosenkonserven ernährte, ohne zu klagen oder unter Skorbut zu leiden. Von daher war der Döppekooche ein ambitioniertes Werk, für das ich ein Kochbuch konsultieren musste. Die Anzahl der Zutaten war überschaubar, einzig das Reiben der Grumpere, also der Kartoffeln, war aufwendig. Ich scheute keine Mühen und stand eine halbe Stunde später mit schmerzendem Arm vor einer nassen, leicht schäumenden weißlichen Masse, die mir suspekt erschien. Ein Blick ins Buch verriet mir, dass ich die geriebenen Kartoffeln absieben solle. Das leuchtete mir ein, aber auch danach hatte ich es mit einer ausgesprochen feuchten Angelegenheit zu tun, von der ich mir nicht vorstellen konnte, wie sie sich jemals in etwas anderes als Suppe verwandeln sollte. Und so nahm ich nochmals alle Kraft zusammen und presste das Wasser heraus. Endlich hatte ich eine Art fluffige Raspeln ... und nach zwei Stunden, als ich das mit den anderen Zutaten vermengte Gesamtkunstwerk aus dem Ofen nahm, 1a Ziegelsteine.

Von der angeblich so einfachen und schlichten Eifeler Küche kann Thomas Herrig ein Lied singen, und zwar ein wirklich gutes. In einem Weiler namens Meckel hat er den Dorfgasthof. Es ist ein rund 140 Jahre altes Wirtshaus, wie man es sich vorstellt, mit großem Saal, in dem man zünftig Hochzeit feiern kann, und einem Garten voller Blumenbeete, mit einem Kinderspielplatz und einem Vogelfutterhäuschen, aus dem bisweilen nichts Gefiedertes, sondern ein wohlgenährtes Katzentier auf der Pirsch hervorlugt. Falls der Hausherr selbst Jagdglück hatte, kann die aktuelle Speisekarte durchaus frischen Hirsch aus freier Wildbahn auflisten. Das Essen à la carte ist auch für Vegetarier kein Tabubruch, aber natürlich gibt es vor allem klassische Gerichte: Schweinshaxen, Bratkartoffeln mit Speck, Steak und Schnitzel. Klingt unspektakulär, ist aber ein nicht alltägliches Geschmackserlebnis, da die lukullische Begleitmusik raffiniert ist. Herrigs Döppekooche etwa ist Galaxien von meinem misslungenen Machwerk entfernt und mit speziellen Dips ein Feinschmecker-Erlebnis, zu Fleischgerichten wird hausgemachtes Tomatenchutney und anderes mehr gereicht. Vor allem jedoch sind es die Zutaten selbst, die bemerkenswert sind. Man kann sie eben nicht überall in deutschen Küchen finden. Herrig hat sich als Gastgeber der Regionalmarke Eifel angeschlossen: Fast alles, was bei ihm auf den Tisch kommt, unterliegt strengen Qualitätskriterien und einer Herkunftsgarantie. Eifel steht drauf und muss drin sein, und zwar von Anfang bis Ende. So können zum Beispiel Fleischliebhaber darauf vertrauen, dass Schweine und Rinder keine langen Transportwege von Stall oder Weide zum Schlachthof erleiden mussten. Käse stammt von kleinen Hofkäsereien der Region, Honig natürlich auch … alles, was in der Eifel wächst, gedeiht und erzeugt wird.

Wer nicht gerade so ungeschickt ist wie ich, dem bringt Thomas Herrig einiges an Küchen-Knowhow bei. Vielleicht hätte sogar ich eine Chance zu lernen, wie frau am Feuer eine gute Figur macht und Gegrilltes hinkriegt, das nicht außen Kohle und innen roh ist. Oder wie man perfekte Burger kreiert und was einen guten Whisky ausmacht. Herrig ist nicht geizig mit seinem Fachwissen, ganz im Gegenteil. Er ist einer der engagiertesten Ausbilder von Miniköchen. So nennt sich ein europaweiter, von einer gemeinnützigen Initiative getragener Wettbewerb für Kinder und Jugendliche, die für leckeres und gesundes Essen begeistert werden. Nicht wenige der bisher ausgebildeten Miniköche peilen an, das Kochen zum Beruf zu machen, oder haben das bereits getan. Und wenn die Kids keine Restaurantlaufbahn einschlagen, so erfahren sie doch, dass frisch Gekochtes kein Hexenwerk ist und dass man die Alternativen zu Fast Food und Cracker sogar mit Vergnügen überleben kann.

Vermutlich schauen sie jedoch nicht Sendungen wie »Lecker aufs Land«, bei denen beängstigend kompetente Landfrauen zeigen, dass sie am heimischen Herd mit mehrgängigen Menüs ganz locker Sterneköche düpieren können. Ich habe einen Heidenrespekt vor solchen Leistungen, vor allem auch, weil die Damen am Ende jedes Kochmarathons total glücklich sind und einander in den Armen liegen. Ich wäre nervlich am Boden und tagelang nicht mehr ansprechbar. Ich bin eben nicht Uschi Wagner. Mit ihrer Familie betreibt sie das Hofgut Sachsen-Wagner in Geichlingen, kurz vor der luxemburgischen Grenze. Schon seit vielen Jahren leben die Wagners in ihrem typisch Südeifeler Gehöft nicht nur von Landwirtschaft allein, sondern von Gastfreundlichkeit: Bei ihnen konnten Naturfans schon früh Landurlaub machen und erfahren, dass Lebensmittel nicht schon in Plastik eingeschweißt auf die Welt kommen. Sie konnten riechen und schmecken, wie es ursprünglicher und unverwechselbarer geht, denn Uschi Wagner besann sich auf die Rezepte und Küchentraditionen, die einst auf Selbstversorgerhöfen gang und gäbe waren. Damit wurde sie für den SWR von den Machern der Kochsendungsreihe entdeckt und zeigte gleich in der ersten Staffel, dass Eifelessen ganz schön raffiniert sein kann.

Der urige Hof, zu dem eine eigene Ölmühle und eine Brennerei gehören, bekam unterdessen hypermodern gestylten Zuwachs: Einen Steinwurf entfernt in Körperich stand eine mit viel Glas gebaute und energetisch vorbildliche Umweltbildungsstätte leer. Sie scheint regelrecht über den Wiesen des Gaytals zu schweben. Die Wagners kauften sie und machten daraus eine Begegnungsstätte für alle, denen Liebe durch den Magen geht und auf der Zunge liegt. Damit war Platz genug da, um regionale und saisonale Küche nicht nur am Bildschirm den Menschen nah zu bringen. Live und am Herd geht das noch viel besser. »Kochwerk« hat Uschi Wagner ihre Kochschule genannt, in der sie zusammen mit anderen Landfrauen und -männern den Kursteilnehmern Eifeler Zutaten und Gerichte ans Herz legt. Die selbst geschaffenen Mehrgangmenüs werden anschließend gemeinsam verspeist. Offenbar schmeckt Eifel auch über die Regionsgrenzen hinaus, denn die Kurse sind schnell ausgebucht. »Genusswerk« heißt das Restaurant im Glaspalast, in dem man auch ohne eigenes Zutun lecker essen kann.

Die Eifel inspiriert jedoch nicht nur passionierte Hobbyköche. Mehr oder weniger klammheimlich ist sie zu einer Region geworden, in der Gourmets mindestens eine Woche brauchen, um jeden Tag ein anderes Sternerestaurant auszuprobieren. Elegant im Steinheuers in Bad Neuenahr-Ahrweiler, unkompliziert im Brockel-Schlimbach auf der Burg in Nideggen, romantisch auf der Burg Flamersheim im Bembergs Häuschen bei Euskirchen … in der nördlichen Eifel kann man die kulinarische Reise beginnen und so sehr in Verzückung geraten, dass man nicht der Versuchung erliegt, sich bis runter zur Mosel durchzufuttern. Was schade wäre, denn dort hätte man bei Christian Bau in Perl-Nennig, am anderen Ufer, den krönenden Abschluss in einem der besten Sternerestaurants Europas. Und den kleinen Abstecher zu Bocuse-Schülerin Lea Linster ins luxemburgische Frisange hätte man auch verpasst.

Dabei ging die Verwandlung von einer essensmäßig eher hausbackenen Landschaft in eine Art Fluchtburg für Schlemmer, die kein Schickimicki mögen, langsam vonstatten. Manche der Eifeler Feinschmeckertempel begannen außerordentlich bodenständig als Landgasthof. Wie das Landhaus Mühlenberg im Meulenwald bei Zemmer, in dem Ulrike Stoebe viele Jahre als eine der ganz wenigen weiblichen, von Michelin gekrönten Küchenstars arbeitete. Sie hatte das ganz verborgen im Wald liegende Ausflugslokal ihrer Eltern übernommen. Anfangs stand sie gemeinsam mit ihrer Mutter in der Küche, aber nach und nach verwandelte sie die urtümliche »Sommerfrische« zu einem Sternerestaurant, in dem es lediglich

20 Plätze in einem englisch angehauchten, leicht plüschigen Einrichtungsstil gab. Man fühlte sich wie in einem von Rosamunde Pilcher erfundenen Wohnzimmer einer ehrwürdigen Landadelsfamilie, mit exquisitem Butlerservice.

Ihr Sterne-Landhaus hat Ulrike Stoebe aus Altersgründen aufgegeben. Aber ihr Lebenslauf zur Cuisine-Berufung ist anscheinend eifeltypisch. Nicht weit entfernt ist nach wie vor eines von nur zehn Dreisternerestaurants in Deutschland versteckt. Auch das Waldhotel Sonnora in Dreis war ein abgelegener, von den Eltern geerbter Ex-Gasthof, der als Edeladresse Karriere machte. Helmut Thieltges führte dort die Küchenregie und war ein Starkoch, der keiner sein wollte. Er schilderte mir eine eigentlich ganz einfache Lebensmaxime, die ihm die Initialzündung lieferte: »Ich kannte die Branche und dachte, warum eigentlich nicht? Aber ich hätte zum damaligen Zeitpunkt ebenso gut etwas anderes Kreatives beginnen können und wäre darin sicher genauso bestrebt gewesen, nicht nullachtfünfzehn zu leisten.« Er sagte, er möge das Wort Gourmet überhaupt nicht und auch keine steife Art, sondern er wolle einfach, dass sich Menschen rundum wohl fühlen. Trotzdem standen auf dem Parkplatz vor dem Waldhotel natürlich nur Nobelkarossen neben meinem betagten Auto. Thieltges nahm seine Profession sportlich: »Jeder Abend ist, bevor es richtig losgeht, so spannend wie die Stimmung vor einem wichtigen Fußballmatch: Geht es gut oder nicht?« Es ging gut, bis er 2017 plötzlich starb. Von heute auf morgen musste Souschef Clemens Rambichler an die Stelle von Thieltges treten. Die Restauranttester und Kritiker sind sich einig: Es gelang ihm perfekt.

In einem Dreisternerestaurant, das sich auf internationalem Niveau behauptet, lautet die Devise sicher nicht, regionalen Zutaten den Vorzug zu geben. Hummer schwimmt nun mal nicht im Rursee und Gänseleber stammt üblicherweise aus dem Périgord. Im Ein-Sterne-Restaurant Graf Leopold, das im Kurfürstlichen Amtshaus auf dem Dauner Burgberg thront, geht es in der Küche von Stefan Kessler da schon deutlich eifeltypischer zu. Auf der Karte des noch ganz jungen Kochs stehen Tatar vom Eifeler Weiderind oder Rehrücken aus der Eifelpirsch. Natürlich nicht aus einer Treibjagd, das gäbe ja Stresshormone. Der handgeangelte Saibling kommt aus dem Maar, die zu Lebzeiten an Frischluft grasende Ochsenbrust aus Strohn … man kann es lukullischen Patriotismus nennen, was der junge Sternekoch da tut, schließlich stammt er selbst aus der Eifel. Und er sagt, er hasse Hektik.

Falls die drohen sollte, besänftige Schokolade und mache glücklich. Nur ein paar Schritte den Berg runter, und Kessler steht vor dem Café Schuler, einer alteingesessenen Institution, die für Mor-

cheln bekannt ist. Der wie krumpelige Pilze ausseh-
ende Pralinen-Klassiker der Konditorei gilt landauf,
landab als definitiver Schoko-Kick. Seit 1965 versü-
ßen sie das Leben in der Eifel und bescheren einem
ziemlich viel Hüftgold, denn leider ist ihr Geschmack
nicht dazu angetan, bald davon abzulassen. Das
Rezept ist geheim, aber man ahnt, dass jede Menge
Sahniges oder Buttriges dabei ist und ein Schuss Rum.

Nicht einmal der Käse aus Milch von meckernden
Heckenfressern bleibt in der Eifel ein Arme-Leute-
Essen. Sie liefern die Basis für Pralinen, die von belgischen Meister-Chocolatiers als echter Luxus kreiert
werden und schon mal einen Euro das Stück kosten.
Man findet ihren Käse in ausgewählten Gourmetres-
taurants in ganz Deutschland. Oder in einem kleinen schlichten Hofladen in Gillenfeld am Pulver-
maar, einem der tiefsten Kraterseen der Eifel. Hier
lebt eine große Herde weißer und bunter Deutscher
Edelziegen. Im Winter stehen sie im Stall ... und den
darf man als Besucher auch betreten. Immer, wenn
ich es tue, beruht die Neugier auf Gegenseitigkeit.
Die quirligsten Temperamente steigen am Gatter
hoch und schauen mir mit ihren seltsamen Augen
tief in meine: Ihre haben horizontale schmale Pupil-
len, meine bei diesem Anblick große kullerrunde.
Ich weiß schon, dass ich auf meine Kleidung aufpassen muss. Denn beim ersten Mal wurde ich beinahe
stranguliert, als ein besonders vorwitziges Exemp-

lar Gefallen an meinem Schal fand und anfing, ihn aufzufressen. Das wäre nicht nur tödlich für mich, sondern auch nicht gut für die Milch gewesen. Also habe ich das gute Stück wieder aus dem Maul der Ziege gezerrt. Es gelang, wenngleich das Accessoire nun in Fetzen hing und voller Sabber war. Und überrascht war ich, als ich zufällig das Horn einer Ziege berührte: Es war ganz warm.

Aber natürlich komme ich nicht wirklich auf den Hof von Inge Thommes-Burbach und ihrer Familie, bloß um Ziegen zu knuddeln. Der eigentliche Grund ist im Sommer Ziegenmilch-Eis und ganzjährig der Ziegenkäse. Außerdem hat sie Moselwein, Eifeler Edelbrände und handgemachte Konfitürekreationen, die mit viel mehr Fantasie daherkommen als die üblichen Supermarktaufstriche ... der Einkaufskorb ist also beim Rausgehen immer gut gefüllt fürs Frühstück und fürs Abendessen. Seit 1995 wurde der Betrieb, der – wie die meisten in der Eifel – von Kühen lebte, komplett auf die zierlichen Kletterkünstler umgestellt. Und natürlich war es auch ein Abenteuer, das Käsemachen zu lernen, verbunden mit so mancher Überraschung. Nicht allzu lang nach der Umstellung kaufte ich in Erwartung eines kulinarisch verwöhnten Besuchs aus Frankreich einen kleinen Schnittkäselaib. Seine charakteristische grob gemaserte Rinde war ohne Fehl und Tadel. »Ich hoffe, er ist noch gut«, meinte Inge trotzdem, »es ist unser letzter und er liegt schon länger.« Sie ließ ihn mir preisgünstiger. Wir hatten dann beide ein Aha-Erlebnis: Ich, dass ich einen der leckersten und aromatischsten Käse meines Lebens erstanden hatte, der sogar meinen Gast aus Paris verzückte. Und sie, dass derlei lang gelagerter Laib eine Kostbarkeit ist, für die sie mehr verlangen konnte.

Zum Käse sind Weißweine wie Moselriesling oder der herbe Elbling von der Obermosel allerdings nicht das allergeeignetste Getränk der Wahl. Dass die Eifel selbst auch eine Weinregion ist und Passendes bietet, geht leicht unter. Mit rund 560 Hektar Rebfläche ist das Ahrtal eine der kleinsten deutschen Weinbauregionen. Die Ahrquelle liegt in der hohen Eifel unter einem der ältesten Häuser von Blankenheim, der Stadtbach wird mit vielen Zuläufen schnell zum Gebirgsfluss und mäandert nach Osten Richtung Rhein. Ab Altenahr flussabwärts ist heutzutage Weinbau anzutreffen, ab hier blüht der Weintourismus mit Busladungen voller trinkfreudiger Touristen, ab hier gibt es Weinfeste. Reste von Trockenmauern weiter westlich beweisen jedoch, dass in früheren Jahrhunderten auch tiefer in der Eifel Wein angebaut wurde. An den extrem steilen Schieferhängen mit Süd- und Südwestlage stehen die Reben auf einer natürlichen Bodenheizung. Hier ist mühsame Handarbeit angesagt. Vor allem Blauer Spätburgunder, Frühburgunder, Regent, Portugieser, Optima, Domina und Dornfelder gedeihen: gehaltvolle, aber elegante Rotweine, die nicht von massigen Tanninen überdeckt werden. Weißweine – Riesling, Müller-Thurgau, Kerner und Weißburgunder – werden an der Ahr zunehmend angebaut, aber den roten Spitzensorten wohl niemals den Rang ablaufen.

Auf einem Rotweinwanderweg geht es durch die Weinberge mit ihrer kleinteiligen Terrassierung, den ehemaligen Bunker der Bundesregierung tief unter sich im Gestein, in dem jetzt ein Museum über den

Wahnwitz informiert, von hier aus nach einem Atom-angriff überleben und regieren zu wollen. Berührend ist am Wegesrand der uralte jüdische Friedhof bei Dernau mit seinen schiefen, bemoosten Steinen. Der jüngste Grabstein wurde von Julius Bär in Erinnerung an seine 1942 im Ort gestorbene Familie gestiftet ... man hatte sie, die zuvor im Dorf sehr respektiert waren, einfach verhungern lassen, Söhne der Familie wurden deportiert. Nur Julius war rechtzeitig in die USA emigriert.

Der Ahrwein ist kein schnelles Trostpflaster gegen diese Geschichten. Er ist eher etwas für nachdenkliche Geister, die langsam genießen, passend zur Art und Weise der Bewirtschaftung der Rebflächen. Außerdem ist er viel zu hochpreisig, um ihn sich als »Parkbankglück« einzuverleiben. Dass der Ahrwein heute ein gut vermarktetes Edelprodukt ist, verdankt er ausgerechnet der Not der Ahrwinzer nach den Wirren der Französischen Revolution. Die hatte alle Klöster weit und breit säkularisiert und damit die Hauptabnehmerschaft der Weingüter hinweggefegt. Was also tun mit all dem guten Rotwein? In Mayschoß fanden sich 18 Winzer zusammen und gründeten eine Genossenschaft – somit wohl die älteste Winzergenossenschaft der Welt. Anfangs erfolgte lediglich der Verkauf gemeinschaftlich, später jedoch auch die Arbeit im Keller und die Fasslagerung. So hatten die Genossenschaftler mehr Zeit, um sich in den Steillagen auf die Erziehung der Reben zu Best-leistungen zu konzentrieren.

Nach dem Essen folgt auch in der Eifel gern ein Schnäpschen. Entlang der Ahr greift man zum Tres-ter, im Herzen der Eifel zu destillierten Kräutern oder Gin und in der Südeifel wird es fruchtig. Hier sind Streuobstwiesen besonders häufig und viele Höfe haben seit Urzeiten Brennrechte. Was einen fröhlichen und pausbäckigen Senior wie Bernhard Bares glücklich macht, dessen mit Marienhäuschen gesäumter Hof im winzigen Teitelbach beim gleich-falls extrem überschaubaren Trimport steht. Draußen sieht alles normal aus ... Stall, Scheune, Wohntrakt, ringsherum alte Bäume. Noch ahnt man nichts von der fotografischen Prominentengalerie, die einen im Inneren entgegenlächelt. Und Bernhard Bares immer dabei.

Dabei geht es in seinem Leben garantiert nicht um die Suche nach Publicity. Er ist sperrig geblie-ben. »Mir ist wichtig, dass ich mich nicht verbiegen lasse. Und dass das, was ich tue, auch etwas für das Gemeinwohl ist.« Er will andere begeistern und ist bereit, dafür auch die Rolle des Motors zu spielen. Einzelkämpfer sein mag er nicht: »Ich brauche Mit-streiter und Mitdenker.« Vor allem für die Eifel-Pre-mium-Brände, die er bei Anlässen wie der Grünen Woche auch schon mal Angela Merkel und ande-ren Leuten dieses Kalibers kredenzt. Bares ist ein

Überzeugungstäter und mittlerweile auch ein Marketingprofi. Seine Ursprünge liegen in einem winzigen Vier-Hektar-Betrieb mit drei Kühen in Biersdorf. Schon immer war es schwierig, derart bescheiden zu überleben. Die Aufstockung auf 12 Hektar reichte nicht aus, zudem wurde der Biersdorfer Stausee samt großer Hotelanlage gebaut. Es war kein Platz mehr für den kleinen Familienbauernhof, er musste umsiedeln. In Teitelbach gab es ein geeignetes Objekt ... mit einem Schatz von ungeahnter Tragweite. »Das Brennrecht, das schon seit mehreren Generationen zum Hof gehörte, habe ich übernommen. Doch damals hatte ich überhaupt keine Ahnung vom Destillieren«, schildert Bares die Anfänge. Die Schnapsbrennerei war zunächst nur Hobby. Aber: »Wenn ich etwas mache, will ich es richtig machen. Also habe ich Lehrgänge besucht und Literatur gewälzt, um die Kunst des Schnapsbrennens zu beherrschen.«

Ihm gelang es, auch andere Landwirte der Südeifel für Hochprozentiges zu begeistern. Und zwar nicht bloß für den Konsum, was leichter gefallen sein könnte, sondern für die Herstellung und für die sinnvolle Nutzung der sonst vom Verwildern bedrohten Streuobstwiesen, die bald UNESCO-Kulturerbe werden sollen. Die Premiumbrände der Eifel werden unabhängig kontrolliert und haben rein gar nichts gemein mit auf die Schnelle destilliertem Fusel. Gelassenheit ist ein wesentlicher Faktor für den Geschmack und Schlehen, Himbeeren oder Pflaumen bekommen alle Zeit der Eifel, um ihre fruchtigen Nuancen zur Geltung zu bringen. Eine Eifeler Besonderheit ist das Brennen von Nelchesbirnen. Am Baum sind das hutzelige und harte Knubbel, die in Richtung Ungenießbarkeit tendieren. Als Vierzigprozentiges im Glas jedoch werden Nelches eine hoch aromatische und samtige Angelegenheit, ganz anders als ihre süßlichen Williams-Christ-Verwandten und irgendwie typisch Eifel: total eigensinnig, aber so, dass man sie gernhaben muss.

Übrigens, ein schlichter Döppekooche geht eigentlich so: Man braucht zweieinhalb Kilo Kartoffeln, drei Zwiebeln, ein Viertelpfund Speck (gewürfelt oder in dünnen Scheiben), zwei Stangen Lauch, Sauerrahm, Süßrahm, Butterflocken, Öl, Salz und Pfeffer. Die Kartoffeln werden geschält, roh gerieben und ausgedrückt – aber nur behutsam und nicht gepresst, bis alle Feuchtigkeit entwichen ist. Zwei rohe Zwiebeln werden in die Kartoffelmasse gerieben und anschließend wird alles mit Salz und Pfeffer gewürzt. Der kleingeschnittene Lauch und nach Augenmaß die beiden Rahmsorten werden untergemengt, bis es einen zähen, sämigen Teig ergibt. In einer gusseisernen Form wird das Öl erhitzt, dann werden Speck und eine Zwiebel darin kurz angebraten. Oben drauf werden die Butterflöckchen verteilt. Dann kommt das Ganze bei 200 Grad anderthalb Stunden lang in den vorgeheizten Backofen, bis sich eine knusprige hellbraune Kruste gebildet hat, dann noch eine halbe Stunde auf niedrigerer Stufe durchgaren. Es gibt auch Varianten, in denen statt Rahm mit Muskat gewürzte Eier dem Teig beigemischt werden. An Stelle von Speck können auch in Scheiben geschnittene Mettwürstchen genommen werden. Auf jeden Fall passt Apfelmus oder Apfelkompott als Beigabe.

Und jetzt: das Wetter!

Es gibt Tage, an denen die Eifel deutschlandweite Aufmerksamkeit erheischt: Wenn sie auf Wetterkarten im Fernsehen in abweisendem Blau oder Grün gemalt ist, während ringsum alles in kuscheligen warmen Farbtönen erstrahlt. Insbesondere die Messstation des Deutschen Wetterdienstes am Schneifelforsthaus fährt fröstelnde Rekorde ein. Und auch Daun erscheint bei den Wetterdaten bisweilen als unwirtlichste Gegend, die man sich aussuchen kann. Die Station in Daun-Gemünden nämlich liegt im Kurpark und der wiederum im Liesertal. Die Kälte sinkt von den umliegenden Bergen hinunter, sammelt sich und sorgt für Minustemperaturen, während im Städtchen selbst von Frost keine Rede ist. Urlauber sehen in der Eifel dann jedoch die gefühlte Naherholungsalternative zu den Northwest Territories, zu Krasnojarsk oder zu Spitzbergen. Die ortsansässigen Touristiker, auf gesundheitssuchende Gäste erpicht, nennen das gern Reizklima.

Ich habe eine kleine Ferienwohnung, in der auch Hunde gern gesehen sind. Es fällt mir auf, dass die meisten meiner Gäste zwar mit luftigen T-Shirts, Sandalen und kurzen Hosen anreisen, aber viel Gepäck mitschleppen. Wattierte Westen, plüschige Hütten- socken und Daunenjacken sind bei der Reiseplanung offenkundig ebenso ein Muss wie das karierte, was- serabweisende Mäntelchen für den Dackel. Ich ver- stehe das. Als ich endlich mein erstes Eifeldomizil fand, war das ein Haus, welches ein halbes Jahr lang leergestanden hatte und nur mit Holzöfen beheizbar war. Mein Lebensgefährte und ich verbrachten die ersten Nächte eingemummelt in jeweils zwei Dau- nenschlafsäcken übereinander und froren dennoch. Es war ungemein abhärtend.

Aber Wetterkarten führen in der Eifel oft in die Irre. Die größten Mühen, sich zu akklimatisieren, hatte bislang ein junges Gästepaar; der junge Mann und die junge Frau kamen aus Leipzig, wo sie Geologie studierten. In der Eifel hatten sie sich ein strammes Besichtigungsprogramm vorgenommen, Vulkane besteigen, Maare umrunden, von Rangern geführte Touren durch den Natur- und Geopark mitmachen. Eine Sommerwoche lang jedoch blieben die Rolllä- den bis auf einen Spaltbreit geschlossen, eine Woche lang trauten sich die beiden nur nach Sonnenunter- gang raus. Die junge Frau fragte nach einem Venti- lator und ob sie vielleicht ein zusätzliches Bettlaken haben könne, um es anzufeuchten und drüberzule- gen. Kein Problem. Gegen Ende ihres Aufenthal- tes lugte der junge Mann aus dem Fenster. »So eine

Hitze, das kenne ich nicht mal aus meiner Heimat«, rief er mir zu. Er kam aus Guinea.

Ein Gästepaar vom Niederrhein staunte über ein anderes sommerliches Phänomen und verbrachte die halbe Nacht auf der Terrasse, um es sich anzuschauen. Direkt über ihren Köpfen wölbte sich ein glasklarer Himmel mit Myriaden von Sternen, während es gen Horizont in allen Richtungen eine spektakuläre Lightshow gab. Über Mosel, Rhein und Ahr zogen Gewitter hinweg, aus denen es ununterbrochen blitzte. Das ist oft so im Sommerhimmel über der Eifel: Die tief gelegenen Täler, welche das Gebirge begrenzen und durchziehen, heizen sich stark auf. Die heiße Luft zieht die Feuchtigkeit der Flüsse mit sich in höhere Schichten, wo sie auf die Eifelfrische trifft. Die Begegnung führt zu erheblichen Turbulenzen und zum für Flachländer unvermuteten Schicksal, dass es in den Tälern stürmt und hagelt, während man auf Vulkankegeln und Hügeln das schönste Wetter genießt.

Auch im Herbst und Winter gebiert das Wechselspiel aus wasserreichen Niederungen und Schluchten mit hoch gelegenen Ebenen oder Vulkankegeln Wetterbedingungen, die man getrost als ungerecht bezeichnen kann. Dann sorgen Inversionswetterlagen für Wärme und Sonne satt ab 300 bis 400 Meter über Normalnull aufwärts, und die Eifeler schauen mitleidig auf die Moselaner herab ... obwohl nein, das können sie gar nicht, denn die Moselaner bleiben oft tagelang verschollen in einer Art Meer aus Watte. Von oben jedenfalls sieht der Nebel so aus. Nicht immer also gilt der Grundsatz, dass es sich im Reich der Weinseligen mediterraner anfühlt als bei den knorrigen Eifelbauern. Seltener werden auch die Eifelberge in Unsichtbarkeit gehüllt. Dann sieht man schon auf der Webcam des Segelflugplatzes Senheld hoch über dem Schalkenmehrener Maar, dass man besser daheim bleibt und Tee trinkt.

Langeweile jedenfalls kommt beim Eifelwetter nicht auf. Es kann einem auf ein paar Kilometern Weg zur Arbeit passieren, dass man die unterschiedlichsten Aggregatzustände von Luft und Wasser zu spüren bekommt, von knochentrocken bis klatschnass, von eisig bis kuschelig. Jedes Tal hat sein eigenes Kleinklima, je nachdem, ob es von Bachläufen durchzogen ist und Wald aufweist oder nicht, wie hoch es gelegen ist und in welche Himmelsrichtung es ausgerichtet ist, sodass entweder tiefer Schatten oder praller Sonnenschein einwirken. Für Touristen ist das in Ermangelung von Erfahrungswerten ausgesprochen heimtückisch. Denn wer bei schönstem Himmelsblau im Bitburger Gutland einen Ausflug ins Hohe Venn oder an die Maare plant, kann am Ziel durchaus von tristem Regenwetter heimgesucht werden und umgekehrt. Wer morgens beim Frühstück im Dauner Hotel entscheidet, dass heute der perfekte

Tag für eine Eroberung der Manderscheider Burgen ist, der sollte es für möglich halten, diese Burgen in 15 Kilometern Entfernung in geheimnisvolle Nieselschwaden gehüllt vorzufinden.

Die harten Seiten des Eifelwetters erleben in den meisten Jahren die Fans von »Rock am Ring«. Um diese Zeit hat sich der Sommer noch nicht stabilisiert, sodass mit allem zu rechnen ist: Unwetter mit Sturm und Gewitter, Dauerregen und Kälte oder im Gegenteil gleißende Sonne mit Gefahr von Hitzschlägen. Oft genug geschieht all das an einem einzigen Pfingstwochenende innerhalb weniger Stunden und sorgt für Schlagzeilen, wenn Tausende Rockfans in ihre Zelte und Autos zurückbeordert werden oder es sogar Verletzte gibt. Auch bei anderen Ring-Großevents scheint Petrus dem Massenvergnügen rund um die Hohe Acht zu zürnen und schickt herbe Himmelsgrüße aller Art, was jedoch nie jemanden abschreckt. Ich hatte zum New-Horizons-Festival im August schon die abwechslungsreichsten Equipment-Wünsche von Ferienwohnungsgästen: Mal waren Handschuhe gefragt, mal Sonnencreme mit Lichtschutzfaktor 50.

Klassischerweise punktet das Hohe Venn mit noch unheimlicheren Wettererscheinungen. Sogar Tornados wurden gesichtet, und vermutlich werden es im Klimawandel künftig mehr. Nicht von ungefähr heißt hier ein Ort Kalterherberg. Hier oben treffen die atlantischen Tiefausläufer erstmals auf ein ernsthaft hohes Festland, das zum Abregnen animiert. Und sie treffen auf einen wasserundurchlässigen, steinigen Untergrund, der sich im Winter nicht aufheizt. Wenn es irgendwo nass und fies ist, dann hier ... sollte man meinen. Aber auch hier bestätigen etliche Ausnahmen die Regel. Eine wetterkundige Crew rund um Bodo Friedrich und Andreas Holz betreibt ein Portal, auf dem man sich live und vorausschauend einen Eindruck verschaffen kann, was einen erwartet, bevor man sich ins Moor der nordwestlichen Eifel wagt.

Die Bundesstraße von Aachen gen Süden ist offenbar ein Schleichweg für Nationalparktouristen, die mit ihren Wohnmobilen Sightseeing versuchen. Zudem lauern an den überraschendsten Stellen Blitzer. Und so sucht man als Eifeler nach Aus- und Umwegen mit freier Fahrt. Eine Strecke durch die belgischen Fagnes, wie das Venn auf Französisch heißt, bietet sich an. Sie führt schnurgeradeaus über panzertaugliche Betonplatten. Im Winterhalbjahr erinnert die Fahrt an den Gruselfilm »Hund von Baskerville«, in dessen Schlussszene sich die Hand eines verzweifelten Versinkenden aus dem Sumpf des Dartmoors reckt. Ich kann mir gut vorstellen, dass auch die ungeheure Vennlandschaft Menschen auf immer verschlang. Sie tut es bis heute. Noch vor wenigen Jahren wurde das Skelett eines Wanderers gefunden, der sich wiederum Jahre zuvor allein auf den Weg gemacht hatte und sich im Schneetreiben verlor. Ich habe mir vorgenommen, zumindest im Winter auch nie wieder diese Strecke zu fahren.

Denn das letzte Mal, als ich es tat, startete ich nichts Böses ahnend in Aachen bei normalem Schmuddelwetter. Nicht besonders kalt, nicht besonders neblig, nicht besonders nass … langweilig vom Feinsten. Ich hatte viel Zeit und viel Lust auf belgische Pralinen, Eupen war mir als nettes kleines Städtchen geläufig. Doch kaum hatte ich die Zivilisation hinter mir gelassen und war auf die Betonpiste eingebogen, kroch der Nebel von allen Seiten auf mich zu. Die blattlosen Bäume säumten den Weg, ihre von Raureif überzogenen dunklen Stämme und Äste wurden immer mehr zu bizarren Gespenstern. Und dann kam der Schnee. Zunächst wogte er in haarfeinen Schleiern über die Straße. Dann wurde er dichter, formte sich zu geschwungenen Dünen hoch. Mein Bordcomputer meldete mir alle paar Meter, dass meine Reifen keine Bodenhaftung mehr hatten. Im zweiten Gang tuckernd durchpflügte ich ein vollkommen weißes, konturloses Nichts. Niemand folgte mir, niemand kam mir entgegen. Es dauerte gefühlte Stunden. Als ich bei Monschau die ersten Häuser sah, dankte ich meinem Schöpfer und langte bei den Pralinen zu. Für die Nerven.

So arktisch die Eifel im Winter sein kann, so savannenartig kann sie im Sommer sein. Die Dürresommer der vergangenen Jahre gingen an ihr nicht spurlos vorüber. Normalerweise sattgrüne Wiesen verwandelten sich in braune Steppe und etliche Nadelbäume hauchten ihr Leben aus. Bei den Eifeler Forstämtern überlegt man fieberhaft, welche Bäume überhaupt geeignet sein könnten, sowohl extreme Sommer wie mögliche harte Frostwinter zu überleben. Aber trotz allem ist die Eifel besser dran als der Rest der Republik. Der Dürremonitor des Helmholtz-Zentrums für Umweltforschung zeigt an, wieviel Wasser im Wurzelbereich der Pflanzen zur Verfügung steht. Für fast ganz Deutschland gilt eine moderate bis außergewöhnliche Dürre, obwohl es nach zwei extrem trockenen Jahren einen nassen Herbst und Winter gab. Eine der wenigen deutschen Landschaften mit einem wieder normalen Wasservorrat ist die Eifel. »Glühende Landschaften« prognostizieren Wissenschaftler dem Planeten und wagen die Vorausschau auf eine globale Landkarte für das Jahr 2100. Demnach könnte Süd- und Westeuropa unbewohnbar werden, nutzbar lediglich für die Produktion von Sonnenenergie. Frankreich, Spanien, Portugal und Italien … eine menschenleere Wüste? Auch Süddeutschland würde nicht verschont. Der äußerste südwestlichste Zipfel von Europa, an dem es sich noch halbwegs gut temperiert leben ließe: die Eifel.

Das will kein Mensch. Auch kein Eifeler. Doch bereits jetzt melden Immobilienmakler ein ganz seltsames Phänomen bei Kunden, die aus den Niederlanden stammen. Die reden über den Klimawandel, zwangsläufig, denn weite Teile des niederländischen Siedlungsgebietes wurden dem Meer abgetrotzt und werden bis heute von einem gigantischen Pumpensystem künstlich trocken gehalten. Das wird, so fürchten Wissenschaftler und Politiker, auf Dauer angesichts des steigenden Meeresspiegels nicht ausreichen. Es werden Gebäudetypen konzipiert, die mitschwimmen und sich dem Pegel anpassen können. Doch für viele Niederländer ist die Überlegung anscheinend eine andere: ab in den nächstbesten hochgelegenen Landstrich. Wenn die Hiobsbotschaften wahr würden, dann wäre aus »Rheinisch-Sibirien« zum Ende des Jahrhunderts nicht nur ein rheinisches Sizilien geworden, sondern eine subtropische Metropolregion, in der sich Menschen aller Kulturen in Hochhäusern um Maare zwängen, die im gigantischen Getümmel wirken wie Gartenteiche. Majusebetter!

Zu Besuch bei guten Freunden

Dem Wetter ist es egal, ob es sich gerade über den deutschen, belgischen oder luxemburgischen Höhen breitmacht. Seltene Tiere und Pflanzen machen sich in zwei grenzüberschreitenden Schutzgebieten breit, dem Deutsch-Luxemburgischen Naturpark und dem Naturpark Eifel-Hohes Venn. Den menschlichen Eifelern ist es auch ziemlich gleichgültig, ob da irgendwann einmal ein Schlagbaum im Weg stand. Zu Tausenden fahren sie nach Lëtzebuerg zum Arbeiten und stehen zweimal täglich auf der Autobahn zwischen Trier und Luxembourg-Stadt im Stau. Zu Tausenden wohnen Lëtzebuerger ums Eck bei den Bitburgern. Man schaut jeweils, wo am meisten Geld in der Tasche landet oder bleibt. Deutsche profitieren von der luxemburgischen Steuergesetzgebung und dem höheren Lohnniveau, Luxemburger von günstigen Miet- und Immobilienpreisen auf deutscher Seite. Sowieso teilt man die »Sprooch«, die Hausnamen diesseits und jenseits der Grenzen deuten auf jahrhundertealte Verwandtschaftsbande hin und nicht einmal kriegerische Unterbrechungen konnten sie dauerhaft davon abhalten, miteinander Handel zu treiben.

Bislang allen Ölpreisturbulenzen zum Trotz kostet Sprit in Luxemburg deutlich weniger als in Deutschland. Und dort sind auch Tabakwaren, Kaffee und Spirituosen billiger. Also scheuen Eifeler fast keinen Weg ins Nachbarland, um sich und die Lieben mit allem einzudecken. In den luxemburgischen Dörfern entlang der Sauer fällt auf, dass es überall große Tankstellen mit riesigen Shops gibt. Im Grenzort Mertert, schon am Moselufer, reihen sich zig Tankstellen aneinander ... und an allen sind in der Regel die Zapfsäulen besetzt, warten ist angesagt. Es ist zwar verboten, aber es geschieht dennoch, dass Benzin und Diesel kanisterweise abgefüllt werden, wenn der eigentliche Tank des Autos bereits randvoll ist. Für Eifeler Handwerker ist das nette Großherzogtum nebenan nicht nur ein Eldorado, weil da die Fahrzeugflotte gut versorgt wird, sondern auch, weil die Häuslebauer es gewohnt sind, weitaus tiefer in die Taschen zu greifen als in Deutschland. Und weil sie üblicherweise keine provisorisch selbst zusammengezimmerten Heimwerkerlösungen mögen. Da hat jegliches Baugewerk tatsächlich goldenen Boden.

Die Pendelbewegungen zwischen Ostbelgien und der Eifel auf deutscher Seite fallen längst nicht so ins Auge ... und sie haben die gegenteilige Richtung. Vergleichsweise wenige Eifeler fahren zum Arbeiten rüber nach Eupen, Malmedy oder St. Vith in die Ardennen, wie das Gebirge dort heißt. Sondern Belgier zieht es für den Job in die Städteregion Aachen. Und rund um Eupen haben viele Bewohner einen deutschen Pass.

Die drei deutschsprachigen Kantone im Osten Belgiens wurden erst nach dem Ersten Weltkrieg in Folge des Versailler Vertrags 1925 ein Teil des Königreichs. Es hatte eine Volksbefragung hierzu gegeben, aber unter so vielen Repressalien, dass die Episode als »kleine belgische Farce« in die Geschichte einging. Die kulturelle Eingliederung in die französischsprachige Wallonie gelang nie wirklich. Nazis besetzten das Gebiet Eupen-Malmedy 1940, viele Ostbelgier dienten in der Wehrmacht und kamen um, was in der Bevölkerung tiefe Zweifel an der Annexion säte. In keinem Reich wirklich zu Hause zu sein, war wohl das Grundgefühl damals.

Nach dem Zweiten Weltkrieg blieb die Gegend ein Spielball der Mächte, weite Eifelteile gingen zunächst an Belgien. Es blühte der Schmuggel von allem Lebensnotwendigen quer über die von den Alliierten gezogenen Sektorengrenzen. Eine Kirche im deutschen grenznahen Örtchen Schmidt, eigentlich dem heiligen Hubertus geweiht, heißt bis heute bei den Eifelern Sankt Mokka, weil ihr Wiederaufbau nach der Zerstörung im letzten Kriegswinter aus Geldern aus dem Kaffeeschmuggel finanziert wurde … nicht nur mit Wissen des Pfarrers, sondern auf sein Bitten hin. Endgültig festgelegt wurde die deutsch-

belgische Grenze erst 1958. Seit 1963 sind die ost-
belgischen Kantone offiziell deutsches Sprachgebiet,
1973 wurde ein Rat der deutschen Kulturgemein-
schaft gegründet. Heute ist das Gebiet ähnlich wie
ein deutsches Bundesland in vielen Dingen autonom:
Kultur, Bildung, Arbeit, Familie, Gesundheit, Tourismus, Sport, Medien und die engen nachbarschaft-
lichen Beziehungen der Ardenner zu ihren Nachbarn in der Eifel werden selbstständig geregelt. Die
Deutschsprachige Gemeinschaft, abgekürzt DG, ver-
eint rund 75.000 Menschen auf 850 Quadratkilome-
tern, ihr Gebiet ist im Vergleich zur 5.300 Quadratkilometer großen Eifel ein Klacks. Aber die kleinste
europäische »Einheit mit Gesetzgebungsgewalt«, wie
es im Beamtendeutsch heißt, ist selbstbewusst, hat ein
eigenes Parlament und eine eigene Regierung. Belgien
wirkte vor einigen Jahren wie ein Staat in Auflösung,
Flamen und Wallonen standen sich zu unversöhn-
lich für eine normale Regierungsbildung gegenüber.
Für die DG sicher auch ein Motiv, sich intensiver an
die Eifeler Verwandtschaft anzuschließen. Sie gehört
mit zu einer öffentlich-rechtlichen Zukunftsinitia-
tive Eifel, die es sich zum Ziel gesetzt hat, über zwei
Nationen, zwei deutsche Bundesländer und fast ein
Dutzend Landkreise hinweg für die Region zu klappern, was das werbehandwerkliche Zeug hält.

Der normale Ardenner, Eifeler oder Tourist merkt
davon wenig. Von Prüm, Blankenheim oder Stadt-

kyll aus geht es nicht aus Gründen der Vernunft in die buchstäblich nächstbeste belgische Exklave, sondern der Romantik wegen. Selbst in der glühendsten Sommerhitze kann man hier bei Engelshaar von weißen Weihnachten träumen. Der Ardenner Cultur Boulevard, zu dem die ganzjährig geöffnete Ausstellung Ars Krippana gehört, erinnert von außen an eine Präriesiedlung im Mittelwesten: Im Nichts an einer Kilometer um Kilometer schnurgeraden Straße auf einer Hochebene, die ins Venn übergeht, trifft der Reisende auf eine Ansammlung von Hallen und Gewerbebauten samt Tankstelle. Der architektonische Stil des Ensembles dürfte mit den Begriffen zeitlos und zweckmäßig hinlänglich beschrieben sein. Keine Spur von bäuerlicher Idylle, wie man sie in der Nähe des Hohen Venns erwartet, kein Fachwerk unter Reet- oder Schieferdächern, keine überlebensgroßen Hecken zum Schutz gegen Wind. Wenn am Horizont eine Herde Büffel vorbeigetrabt käme oder Büschel aus dürrem Steppengras vor die Windschutzscheibe wehten, würde es nicht verwundern.

Innen ist die Welt eine andere. Loriot hat gelogen, nie war mehr Lametta. Weihnachten mit mehr als 5.000 Krippen aus aller Welt und aus allen Epochen fanden den Weg nach Losheim, es gibt glitzernde Weihnachtsdeko und Kurse für Menschen, die all das selbst entwerfen und herstellen wollen. Und die Romantik ist damit noch lange nicht am Ende. In der

Ars Figura und der Ars Tecnica können sich spielerisch veranlagte Gemüter in die Kindheit zurückversetzen mit Puppen und Puppenhäusern oder einem ganzen Kosmos aus Modelleisenbahnen, Miniaturstädten und Spielzeuglandschaften. Nebenan in der Ars Mineralis werden Fans von asiatischer Spiritualität, Esoterik und Naturheilkunde bei Heilsteinen, Räucherstäbchen, Klangschalen oder einer Unmenge an Buddhas glücklich. Das hundertfache entrückte Lächeln mag kritische Geister skeptisch stimmen, denn Erleuchtung en masse ist ein Widerspruch in sich. Dann geht man mit dem Abschiedsgruß von Winkekatzen halt noch ein paar Meter weiter in die Galerie Ars Ardenn und frönt der intellektuelleren Weltsicht. Mit der modernen Kunst ist der Kulturboulevard fast komplett, fehlt nur noch das belgische Bier und die belgische Schokolade im Café oder aus dem Supermarkt gegenüber.

Die Eifelerinnen, die in der Schneifel oder in der Nähe des Nationalparks leben, haben statistisch gesehen jedoch an die 400 Mal im Jahr einen ganz anderen und noch besseren Grund, nach Belgien zu fahren. Jedenfalls dann, wenn sie werdende Mütter und hochschwanger sind. Das Prümer St.-Joseph-Krankenhaus schloss 2016 seine Geburtshilfestation ... nicht die erste und nicht die letzte in der ländlichen Region. Irgendwelche Politiker scheinen anzunehmen, dass nur noch Städterinnen Kinder bekommen können. Warum sie so entscheiden, wissen vielleicht die Losheimer Kristallkugeln oder die Betriebswirtschaftler im Gesundheitsministerium. Mit einer so genannten Fallpauschale von etwa 200 Euro pro Geburt können kleine Landkrankenhäuser ihre Kreißsäle nicht aufrechterhalten. Das ist nicht nur in der Eifel so, sondern überall, aber in der Eifel weiß man sich wenigstens halbwegs wohnortnah zu behelfen. Kleine Schneifeler – also Schnee-Eifeler, im vollen Wortlaut – kommen rund 30 Kilometer entfernt im Krankenhaus der belgischen Kleinstadt St. Vith zur Welt, im St. Josef mit F. Der christliche Beistand ist also auf jeden Fall gewährleistet, ganz gleich ob diesseits oder jenseits der grünen Grenze. Die Nationalität ist für das Willkommen der Erdenneubürger und die notwendige medizinische Versorgung unwichtig.

Der Ausflug nach Losheim ist ein Sonntagsvergnügen, das allerdings übertroffen wird von einer Stippvisite am Meer. Für die Fahrspaßgewohnten liegt der Strand nur rund drei Autostunden entfernt. Sonntagmorgens um sieben los, ab zehn die Zehen ins Salzwasser halten und abends um sieben zurück … kein ökologisches, aber ein machbares Freizeiterlebnis. Wer am Wochenende durch De Haan spaziert, der ist als Eifeler nicht übermäßig erstaunt, rein zufällig auf Kollegen, Nachbarn oder den Einzelhändler von nebenan zu treffen. Autos mit den Eifeler Kennzeichen stehen überall am Straßenrand: AC, BIT, COC, DAU, DN, EU, MON, MYK, PRÜ, SLE oder TR. Die Verständigung mit den ortsansässigen Flamen klappt in der Regel reibungslos. Gemeinsam mit den Luxemburgern, die es ebenfalls zuhauf hierher ans Meer zieht, einigt man sich auf eine Instant-Mischung aus Hochdeutsch und Moselfränkisch.

Begegnungen der sehr bekannten Art können genauso gut beim Einkaufen in Luxemburg passieren. Dort haben einige grenznahe Supermärkte wie etwa in Mertert auch sonntags geöffnet, um sich dem Ansturm aus der Eifel und aus Trier zu stellen. Frische Pasta, französischer Käse, exquisite Pasteten, Fisch und Fruits de Mer oder Weine und Champagner, die man sonst höchstens vielleicht im Berliner KaDeWe bekommt, lassen die einstigen Hungerkünstler aus der Eifel nicht darben. Den Hauch Grand Canyon holen sie sich ebenfalls im Großherzogtum, gleich jenseits des Grenzflusses Sauer. Kleine Luxemburger Schweiz nennt sich eine Landschaft, die sich nördlich von Echternach erstreckt und die ideale Heimstatt für Hobbits sein müsste. Die Schwarze Ernz hat im Laufe der Erdgeschichte eine zerklüftete Schlucht tief in die hellen Sandsteinfelsen gegraben. Entstanden ist ein dicht bewaldetes Kletterparadies mit senkrecht aufragenden Wänden, Wasserfällen und Tümpeln. Ein anspruchsvoller

Trail durchzieht das Gebiet und vier Touren eines grenzüberschreitenden »NaturWanderPark delux«, der schon in der Eifel auf dem Ferschweiler Plateau beginnt.

Das Müllerthal – wirklich mit TH geschrieben oder aber Mëllerdall auf Lëtzebuergesch – ist, wie sein Name schon sagt, voller ehemaliger Mühlen. Eine, die überlebt hat, ist die Heringer Millen südlich von Berdorf, Grundhof und Befort mit seiner grandiosen Burganlage, den »Hauptstädten« des Müllerthals. Hier kocht Lars Fiebig … er lernte bei Paul Bocuse und war beruflich auf der ganzen Welt im Einsatz, er gilt als einer der jungen europäischen Starköche, ohne jedoch einen abgehobenen Stil zu pflegen. Bei ihm gibt es auch Flammkuchen, wenn es simpler sein soll. Die Heringer Millen baute er gemeinsam mit seiner Frau Marie-Louise, einer Luxemburgerin und ebenfalls jetsettende Gastronomin, zu einem luftigen Architekturmix aus Alt und Neu aus. Keine zehn Kilometer sind es von Bollendorf in der Eifel, mit Burg und Römervilla selbst nicht gerade arm an Attraktionen, hierher. Dann sitzt man da auf der Mühlenterrasse, als stinknormaler Mensch aus der Eifel, hat gerade einen Abstecher durch eine der urigsten europäischen Landschaften gemacht und am Nebentisch sitzt vielleicht sogar das luxemburgische Großherzogpaar. Kann passieren. Spätestens dann entfährt einem ein anerkennendes

»et ass jet schien hei«. Das heißt, es ist ganz schön hier. Zu aufdringlicheren Begeisterungsbekundungen lassen sich Eifeler in der Regel nicht hinreißen. Aber es ist das größte Kompliment und Ausdruck einer tiefen Zufriedenheit mit dem Leben.

Adieu und tschüs, äddi und tschöö

Ich gebe es zu: Es gab diesen Moment, da überlegte auch ich, ob es die Eifel wirklich für mich ist. Und ich vermute, jeder Mensch – ganz gleich ob »Eingeborener« oder zugezogen – kennt diese Zweifel. Als ich herkam, dachte ich, das Leben in dieser Landschaft habe vor allem viel Natur und vor allem viel Ruhe zu bieten. Das mit der Natur stimmt, das mit der Ruhe hat sich nicht ergeben. Ich bin Journalistin geworden und habe, ob ich will oder nicht, auch mit den turbulenteren und weniger schönen Seiten der Gegend zu tun, in der ich lebe und arbeite. Außerdem ist der Job generell nichts für schwache Nerven, wenn man ihn freiberuflich ausübt. Es hat viele Vorteile, aber einen Nachteil: Ein komfortables Sicherheitsgefühl stellt sich nicht ein.

Und so kam ich ins Grübeln, als mir eine Freundin in Berlin eine Alternative aufzeigte. Im öffentlichen Dienst und in meinem angestammten sozialwissenschaftlichen Beruf. Mit 13 Monatsgehältern und Urlaubsgeld und mit einem Appartement, das sofort bereitstand. Ich dachte, versuch's mal, wird aber wohl sowieso nichts. Ich fuhr nach Berlin, stellte mich vor … und bekam eine Zusage. Ich fuhr erneut hin, um noch Details zu klären und meine künftige Heimat zu erobern. Ein paar Tage Metropolenluft schnuppern, ein Off-Theater besuchen und auf die Museumsinsel gehen, mit der Freundin durch die Cafés und Bars auf dem Prenzlauer Berg ziehen und den Erfolg feiern. Ich schlief nicht viel, hörte nachts das Quietschen und Rumpeln der S-Bahn.

Der Rückweg dann: An die zwei Stunden durch den Berufsverkehr bis zur A2, Hunderte Kilometer Stoßstange an Stoßstange, bei Hannover geblitzt werden, vom Kamener bis zum Bliesheimer Kreuz das übliche Baustelleninferno. Werden die denn nie fertig? Wieder Berufsverkehr, diesmal abends. Hinter Köln verloren sich die vor und hinter mir fahrenden Autos im warmen Licht der Sommerdämmerung. Kaum etwas hatte sich geändert, seit ich Jahre zuvor das erste Mal hier langfuhr. Es wurde stiller. Durchatmen, gefühlt seit einer Woche zum ersten Mal. Bei Wiesbaum empfing mich das vertraute »Willkommen in Rheinland-Pfalz!«, der Straßenbelag wurde etwas rauer. Bei Walsdorf sah ich ein Reh mit Kitz auf einer Wiese stehen und wünschte ihnen viel Glück. Schonzeit. Sie mussten keine Angst haben. In Rockeskyll saßen zwei alte Frauen auf einer Klönbank an der Durchgangsstraße und schauten mir nach, ein großer schwarzer Hund lag neben ihnen und döste. Ich kurbelte das Seitenfenster runter, ab und an übertönte Amselgesang das Brummen meines Diesels. Die Kyll in Pelm führte Niedrigwasser und plätscherte dünn über die Steine im Flussbett. Bei Kirchweiler dann umfing mich intensiver süßer Kräuterduft, ein Bauer drehte einsame Runden mit Trecker und Heuschwader. Er würde es noch bis tief in die Nacht tun, ich kannte ihn. Ich war zu Hause.

Ich habe dann noch zwei, drei Tage gebraucht, um meiner Freundin und den netten Leuten von der Agentur, die mich einstellen wollten, zu sagen und zu schreiben, dass ich nicht komme. Nicht nach Berlin, nicht in die Szene im Prenzlberg, nicht ins gemachte Großstadtbett mit ÖPNV im Minutentakt und Coffee to go an jeder Ecke. Jehéschnis ist etwas anderes.

DIE NEUEN Lieblings-plätze